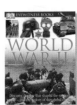

Guías Visuales
MAMÍFEROS

Murciélago de fruta

Lémur de Bennett

Zorro rojo

Gálago de Senegal

Esqueleto de
liebre

Jerbo con material para nido

Guías Visuales
MAMÍFEROS

Escrito por
STEVE PARKER

vellanas
biertas por
rón

Piñón mordido
por una ardilla

Chimpancé
aplaudiendo

Erizo desenrollándose

Perritos
jugando

Huella de
erizo

Cuerno de
antílope

Mandíbula inferior

Chinchilla comiendo
semillas

DK

DK Publishing, Inc.

Tejón rodando

DK

LONDRES, NUEVA YORK, MÚNICH, MELBOURNE, Y DELHI

Gato doméstico

Título original de la obra: *Mammal*
Copyright © 1989, © 2003 © 2004 Dorling Kindersley Limited

Editora del proyecto: Sophie Mitchell
Directora de arte: Neville Graham
Jefa de edición: Vicky Davenport
Directora principal de arte: Jane Owen
Fotografía especial:
Jane Burton y Kim Taylor,
Dave King y Colin Keates

Editora en EE. UU. Elizabeth Hester
Directora de arte Michelle Baxter
Diseño DTP Kathy Farias, Jessica Lasher
Producción Ivor Parker
Asesor Producciones Smith Muñiz

Edición en español preparada por Alquimia Ediciones, S. A. de C. V.
Río Balsas 127, 1.º piso, Col. Cuauhtémoc
C.P. 06500 México, D.F.

Primera edición estadounidense, 2005
05 06 07 08 09 10 9 8 7 6 5 4 3 2 1

Publicado en Estados Unidos por DK Publishing, Inc.
375 Hudson Street, New York, New York 10014

Copyright © 2005 DK Publishing, Inc.

Ualabí
bebé

Punta de cola de león

Publicado en Gran Bretaña por Dorling Kindersley Limited.

A catalog record for this book is available from the Library of Congress.

ISBN 0-7566-1484-8 (Hardcover) 0-7566-1490-2 (Library Binding)

Reproducción a color por Colourscan, Singapur
Impreso y encuadernado por
Toppan Printing Co. (Shenzhen) Ltd.

Descubre más en
www.dk.com

Conejo olfateando

Rata de cabeza
negra

Contenido

Hámster dorado
con cría

El mundo mamífero

LOS HUMANOS SON SÓLO una de las casi 10 millones de especies diferentes, o tipos, de animales en el mundo. Algunos animales nos hacen sentir incómodos, aunque no haya razón: quizá una indefensa culebra o un baboso caracol; mas otras parecen exigir atención. Gálagos, crías de foca, delfines, gatitos y koalas: nos atraen sus cuerpos peludos y cálidos, y la manera en que la madre cuida a sus bebés. Reconocemos estas formas en nosotros mismos y por ellas delatamos nuestra membresía del grupo mamífero. Ya que, por más que nos ubiquemos por arriba de nuestros parientes, la especie humana es sólo una de las casi 4,000 especies de mamíferos en nuestro planeta.

Pero, ¿qué es un mamífero? Primero, los mamíferos tienen pelo o cabello, algunos en todo el cuerpo; nosotros también, aunque es más común en la cabeza. Segundo, los mamíferos son "de sangre caliente".

ALCANZANDO A LOS PARIENTES
Este bebé humano de 15 meses y el chimpancé de 2 años parecen muy diferentes. Pero el chimpancé es quizá nuestro pariente más cercano. Comparte 99% de nuestros genes. Su estructura corporal es increíblemente similar a la nuestra. Su comportamiento tiene muchas características "humanas". Puede resolver problemas, "hablar" con señas y usar herramientas. Al ampliar nuestro conocimiento, parece que los humanos no son tan distintivos entre otros animales como pensábamos.

Un término más correcto sería "homeotermos", o sea que mantienen una temperatura corporal constante, generalmente por arriba de la ambiental, en vez de adaptarse a la temperatura del entorno. De esta forma, pueden seguir activos aun en condiciones frías. Tercero, los mamíferos mamantan a sus crías. La leche se crea en estructuras especiales en la piel llamadas glándulas mamarias, de ahí el nombre de nuestro grupo biológico, Mammalia. Este libro se propone explorar el mundo de los mamíferos (su apariencia, estructura corporal, evolución, reproducción, hábitos y comportamientos) y, con suerte, arrojar alguna luz acerca de nuestro lugar en este mundo.

LOS MAMÍFEROS COMO ANIMALES

Existen unas 4,000 especies (tipos) de mamíferos. Debido al número de especies domésticas y a la popularidad de los mamíferos en zoológicos, estamos más familiarizados con ellos que con otros grupos animales. Sin embargo, existen unas 9,000 especies de aves; 20,000 de peces y 100,000 de arañas y escorpiones. Todas éstas palidecen ante el grupo más grande: el de los insectos, con al menos 1 millón de especies conocidas y, posiblemente, 10 veces más por descubrir.

Entendiendo a los mamíferos

En el Arca de Noé se embarcó un par, macho y hembra, de cada especie de mamíferos.

Se puede apreciar la belleza y maravilla de los mamíferos sin saber sus nombres científicos u orígenes evolutivos. Pero, para entender mejor su estructura corporal, comportamiento y evolución se necesita un marco de estudio. La "taxonomía" (el agrupamiento y clasificación de seres vivos según su relación natural) da este marco. Cada animal tiene un nombre científico reconocido en todo el mundo, en todos los idiomas. Esto evita confusiones, ya que los nombres comunes varían de país en país, e incluso dentro del mismo país. Cada tipo de animal se conoce como especie. Las especies se agrupan en géneros; los géneros, en familias; las familias, en órdenes y las órdenes en clases. Los mamíferos pertenecen a la clase Mammalia. Las siguientes cuatro páginas muestran cráneos de los representantes de las 20 órdenes principales de mamíferos vivos, y una lista de los tipos de animales que pertenecen a cada uno. Las líneas de color indican sus probables relaciones evolutivas.

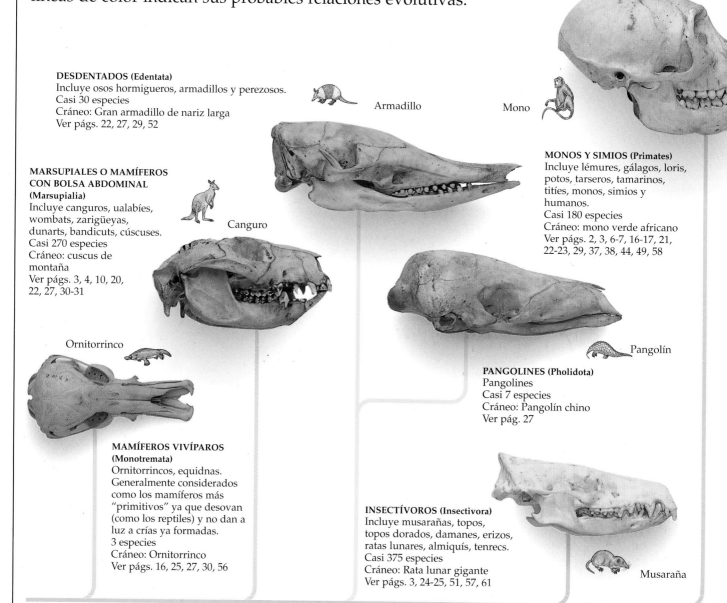

DESDENTADOS (Edentata)
Incluye osos hormigueros, armadillos y perezosos.
Casi 30 especies
Cráneo: Gran armadillo de nariz larga
Ver págs. 22, 27, 29, 52

Armadillo

Mono

MONOS Y SIMIOS (Primates)
Incluye lémures, gálagos, loris, potos, tarseros, tamarinos, titíes, monos, simios y humanos.
Casi 180 especies
Cráneo: mono verde africano
Ver págs. 2, 3, 6-7, 16-17, 21, 22-23, 29, 37, 38, 44, 49, 58

MARSUPIALES O MAMÍFEROS CON BOLSA ABDOMINAL (Marsupialia)
Incluye canguros, ualabíes, wombats, zarigüeyas, dunarts, bandicuts, cúscuses.
Casi 270 especies
Cráneo: cuscus de montaña
Ver págs. 3, 4, 10, 20, 22, 27, 30-31

Canguro

Ornitorrinco

Pangolín

PANGOLINES (Pholidota)
Pangolines
Casi 7 especies
Cráneo: Pangolín chino
Ver pág. 27

MAMÍFEROS VIVÍPAROS (Monotremata)
Ornitorrincos, equidnas. Generalmente considerados como los mamíferos más "primitivos" ya que desovan (como los reptiles) y no dan a luz a crías ya formadas.
3 especies
Cráneo: Ornitorrinco
Ver págs. 16, 25, 27, 30, 56

INSECTÍVOROS (Insectivora)
Incluye musarañas, topos, topos dorados, damanes, erizos, ratas lunares, almiquís, tenrecs.
Casi 375 especies
Cráneo: Rata lunar gigante
Ver págs. 3, 24-25, 51, 57, 61

Musaraña

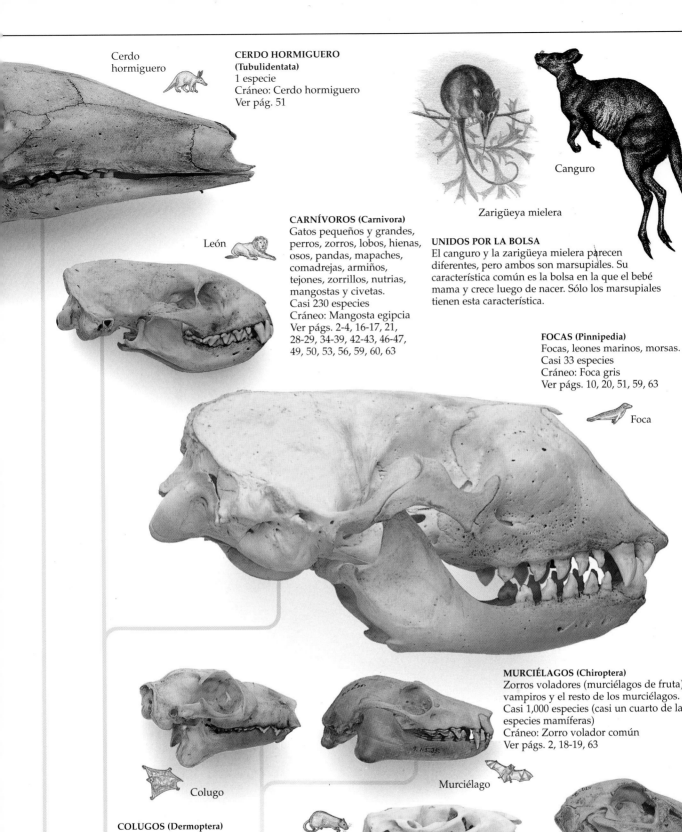

Cerdo
hormiguero

CERDO HORMIGUERO
(Tubulidentata)
1 especie
Cráneo: Cerdo hormiguero
Ver pág. 51

Canguro

Zarigüeya mielera

León

CARNÍVOROS (Carnivora)
Gatos pequeños y grandes,
perros, zorros, lobos, hienas,
osos, pandas, mapaches,
comadrejas, armiños,
tejones, zorrillos, nutrias,
mangostas y civetas.
Casi 230 especies
Cráneo: Mangosta egipcia
Ver págs. 2-4, 16-17, 21,
28-29, 34-39, 42-43, 46-47,
49, 50, 53, 56, 59, 60, 63

UNIDOS POR LA BOLSA
El canguro y la zarigüeya mielera parecen
diferentes, pero ambos son marsupiales. Su
característica común es la bolsa en la que el bebé
mama y crece luego de nacer. Sólo los marsupiales
tienen esta característica.

FOCAS (Pinnipedia)
Focas, leones marinos, morsas.
Casi 33 especies
Cráneo: Foca gris
Ver págs. 10, 20, 51, 59, 63

 Foca

MURCIÉLAGOS (Chiroptera)
Zorros voladores (murciélagos de fruta),
vampiros y el resto de los murciélagos.
Casi 1,000 especies (casi un cuarto de las
especies mamíferas)
Cráneo: Zorro volador común
Ver págs. 2, 18-19, 63

Murciélago

Colugo

COLUGOS (Dermoptera)
También llamados lémures
voladores.
2 especies
Cráneo: Colugo malayo
Ver pág. 19

Rata

ROEDORES (Rodentia)
Incluye ratas, ratones, lirones, jerbos, castores, ardillas, puercoespines,
chinchillas, pacas, campañoles,
hámsters y ardillas listadas.
Casi 1,700 especies
Cráneo: Rata marsupial gigante
Ver págs. 2, 4, 5, 16, 20, 22-23, 27, 32-33,
44-45, 48-49, 51, 52-53, 54-55, 61, 63

CONEJOS Y LIEBRES (Lagomorpha)
Conejos, tapetís, liebres,
liebres norteamericanas, picas.
Casi 80 especies
Cráneo: Conejo europeo
Ver págs. 2, 4, 60

Conejo

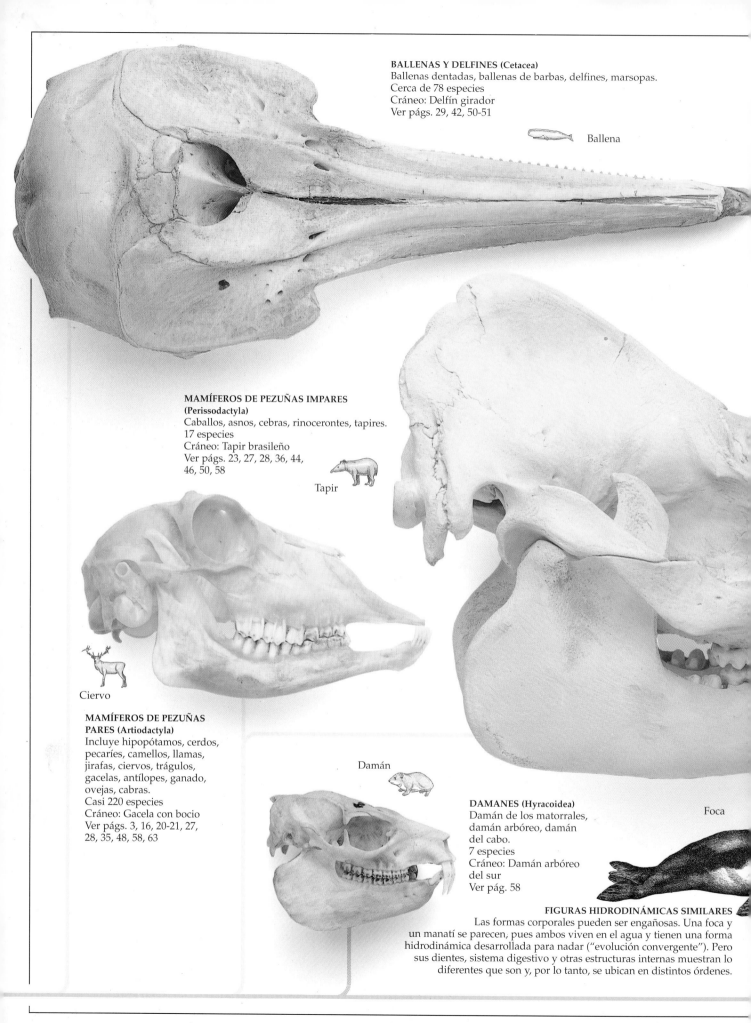

BALLENAS Y DELFINES (Cetacea)
Ballenas dentadas, ballenas de barbas, delfines, marsopas.
Cerca de 78 especies
Cráneo: Delfín girador
Ver págs. 29, 42, 50-51

Ballena

**MAMÍFEROS DE PEZUÑAS IMPARES
(Perissodactyla)**
Caballos, asnos, cebras, rinocerontes, tapires.
17 especies
Cráneo: Tapir brasileño
Ver págs. 23, 27, 28, 36, 44,
46, 50, 58

Tapir

Ciervo

**MAMÍFEROS DE PEZUÑAS
PARES (Artiodactyla)**
Incluye hipopótamos, cerdos,
pecaríes, camellos, llamas,
jirafas, ciervos, trágulos,
gacelas, antílopes, ganado,
ovejas, cabras.
Casi 220 especies
Cráneo: Gacela con bocio
Ver págs. 3, 16, 20-21, 27,
28, 35, 48, 58, 63

Damán

DAMANES (Hyracoidea)
Damán de los matorrales,
damán arbóreo, damán
del cabo.
7 especies
Cráneo: Damán arbóreo
del sur
Ver pág. 58

Foca

FIGURAS HIDRODINÁMICAS SIMILARES
Las formas corporales pueden ser engañosas. Una foca y
un manatí se parecen, pues ambos viven en el agua y tienen una forma
hidrodinámica desarrollada para nadar ("evolución convergente"). Pero
sus dientes, sistema digestivo y otras estructuras internas muestran lo
diferentes que son y, por lo tanto, se ubican en distintos órdenes.

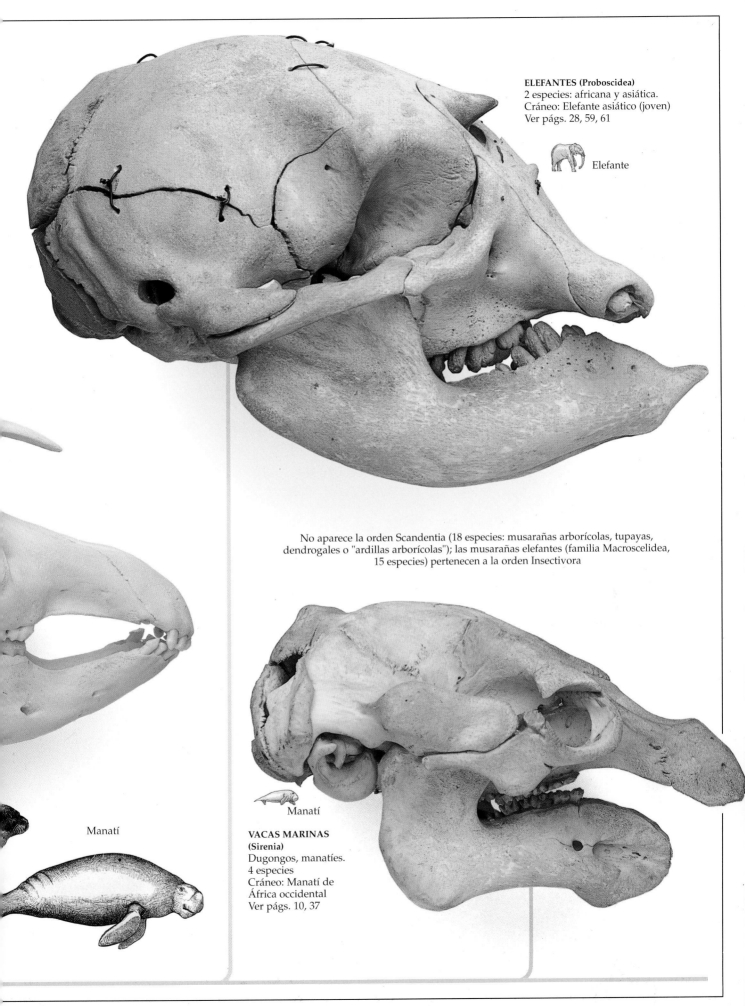

ELEFANTES (Proboscidea)
2 especies: africana y asiática.
Cráneo: Elefante asiático (joven)
Ver págs. 28, 59, 61

Elefante

No aparece la orden Scandentia (18 especies: musarañas arborícolas, tupayas,
dendrogales o "ardillas arborícolas"); las musarañas elefantes (familia Macroscelidea,
15 especies) pertenecen a la orden Insectivora

Manatí

Manatí

**VACAS MARINAS
(Sirenia)**
Dugongos, manatíes.
4 especies
Cráneo: Manatí de
África occidental
Ver págs. 10, 37

La evolución de los mamíferos

¿El primer rinoceronte?

H<small>ASTA DONDE SABEMOS</small>, los mamíferos aparecieron en la Tierra hace unos 200 millones de años. Lo "sabemos" por sus fósiles: huesos, dientes y otras partes petrificadas. Ya que algunas características de los mamíferos vivos (sangre caliente, pelo y leche) no se fosilizan, debemos buscar otras pistas. Éstas pueden ser huesos. Así, otras dos características de un mamífero, vivo o fosilizado, son el tipo de mandíbula (un hueso en cada mandíbula inferior, no varios, como en los reptiles) y los huesecillos en la cavidad del oído medio. Los mamíferos no irrumpieron en la escena evolutiva. En sus primeros 100 millones de años, la Tierra estaba dominada por enormes dinosaurios; los pterosaurios volaban y los ictiosauros nadaban en el mar. Probablemente, los primeros mamíferos eran criaturitas nocturnas, como la musaraña, que comían insectos y robaban huevos de saurios. Los dinosaurios desaparecieron hace 65 millones de años y los mamíferos ocuparon su lugar.

Cráneo desde arriba

Mandíbula inferior

¿ANTECESO... MAMÍFERO...
El cinodonte er... un reptil "tip... mamífero" de... período Triásico. Su... dientes no era... iguales, como los d... otros reptiles; tenía... formas diferente... especializadas par... hacer ciertas labore...
Ésta es una característica d... mamífero, aunque algunas especies moderna... (como el delfín) han desarrollado diente... iguales, como resultado de su dieta (pág. 51... Especie: *Thrinaxon liorhinus* (Sudáfrica...

UNO DE LOS PRIMEROS
Incrustada en roca del Jurásico medio, donde hoy es Inglaterra, yace esta mandíbula de triconodonte. Esta criatura fue de los primeros mamíferos; depredadores del tamaño de una rata o de un gato.
Especie: *Phascolotherium bucklandi* (Inglaterra)

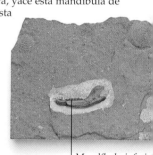

Mandíbula inferio... incrustada en roc...

EL ESCENARIO ESTÁ LISTO
En esta clase de mundo, poblado por plantas tipo helecho, peces, insectos y reptiles, aparecieron los primeros mamíferos hace unos 200 m.a.

Mandíbula superior

Mandíbula inferior

LÍNEA EXITOSA
Libres del dominio de los dinosaurios, los mamíferos cambiaron rápidamente durante el Paleoceno y el Eoceno, pues la evolución "experimentaba" con nuevas formas. Algunos desaparecieron, como éste, pero el diseño original persiste Era un primer pariente del caballo, del Eoceno.
Especie: *Hyracotherium vulpiceps* (Inglaterra)

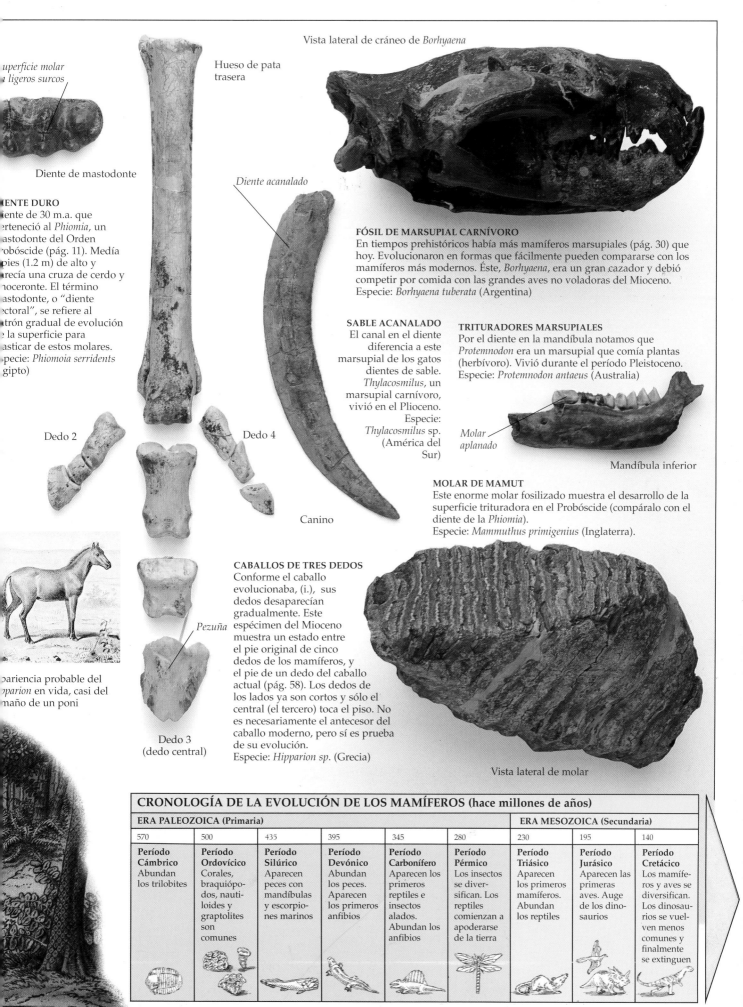

superficie molar
ligeros surcos

Diente de mastodonte

ENTE DURO
iente de 30 m.a. que
erteneció al *Phiomia*, un
astodonte del Orden
robóscide (pág. 11). Medía
ies (1.2 m) de alto y
recía una cruz de cerdo y
oceronte. El término
astodonte, o "diente
ectoral", se refiere al
trón gradual de evolución
e la superficie para
asticar de estos molares.
pecie: *Phiomoia serridens*
gipto)

Hueso de pata
trasera

Diente acanalado

Vista lateral de cráneo de *Borhyaena*

FÓSIL DE MARSUPIAL CARNÍVORO
En tiempos prehistóricos había más mamíferos marsupiales (pág. 30) que
hoy. Evolucionaron en formas que fácilmente pueden compararse con los
mamíferos más modernos. Éste, *Borhyaena*, era un gran cazador y debió
competir por comida con las grandes aves no voladoras del Mioceno.
Especie: *Borhyaena tuberata* (Argentina)

SABLE ACANALADO
El canal en el diente
diferencia a este
marsupial de los gatos
dientes de sable.
Thylacosmilus, un
marsupial carnívoro,
vivió en el Plioceno.
Especie:
Thylacosmilus sp.
(América del
Sur)

TRITURADORES MARSUPIALES
Por el diente en la mandíbula notamos que
Protemnodon era un marsupial que comía plantas
(herbívoro). Vivió durante el período Pleistoceno.
Especie: *Protemnodon antaeus* (Australia)

*Molar
aplanado*

Mandíbula inferior

MOLAR DE MAMUT
Este enorme molar fosilizado muestra el desarrollo de la
superficie trituradora en el Probóscide (compáralo con el
diente de la *Phiomia*).
Especie: *Mammuthus primigenius* (Inglaterra).

Dedo 2

Dedo 4

Canino

CABALLOS DE TRES DEDOS
Conforme el caballo
evolucionaba, (i.), sus
dedos desaparecían
gradualmente. Este
espécimen del Mioceno
muestra un estado entre
el pie original de cinco
dedos de los mamíferos, y
el pie de un dedo del caballo
actual (pág. 58). Los dedos de
los lados ya son cortos y sólo el
central (el tercero) toca el piso. No
es necesariamente el antecesor del
caballo moderno, pero sí es prueba
de su evolución.
Especie: *Hipparion sp.* (Grecia)

Pezuña

Dedo 3
(dedo central)

ariencia probable del
parion en vida, casi del
maño de un poni

Vista lateral de molar

CRONOLOGÍA DE LA EVOLUCIÓN DE LOS MAMÍFEROS (hace millones de años)

ERA PALEOZOICA (Primaria)						ERA MESOZOICA (Secundaria)		
570	500	435	395	345	280	230	195	140
Período Cámbrico Abundan los trilobites	**Período Ordovícico** Corales, braquiópo- dos, nauti- loides y graptolites son comunes	**Período Silúrico** Aparecen peces con mandíbulas y escorpio- nes marinos	**Período Devónico** Abundan los peces. Aparecen los primeros anfibios	**Período Carbonífero** Aparecen los primeros reptiles e insectos alados. Abundan los anfibios	**Período Pérmico** Los insectos se diver- sifican. Los reptiles comienzan a apoderarse de la tierra	**Período Triásico** Aparecen los primeros mamíferos. Abundan los reptiles	**Período Jurásico** Aparecen las primeras aves. Auge de los dino- saurios	**Período Cretácico** Los mamífe- ros y aves se diversifican. Los dinosau- rios se vuel- ven menos comunes y finalmente se extinguen

La diversificación

LOS MAMÍFEROS CONTINUARON su evolución y se diversificaron (cambio), y durante el Mioceno y el Plioceno adquirieron una apariencia más "moderna". En Asia, América del Norte y Europa, más de tres cuartos de las especies mamíferas del Plioceno pertenecían a grupos que existen actualmente. En Australia y América del Sur, masas de tierra aisladas millones de años por corrientes continentales, abundaban los mamíferos marsupiales (pág. 30). Hace dos millones de años América del Sur se unió a Norteamérica, y los mamíferos placentarios (pág. 34) del norte se extendieron al sur. Australia, aún físicamente aislada, tiene más marsupiales que América del Sur.

Diente canino (pág. 50)

Diente carnicero (pág. 5

Mandíbula inferior de *Machairodus*

CANINOS NOTORIOS
Esta mandíbula inferior es de un gato dientes de sable del Mioceno (el "diente de sable" estaba en la mandíbula superior). Los desarrollados punto de unión muscular en cara y cuello indican que abría la boca y "mordía" a su presa hasta matar Especie: *Machairodus aphanistus* (Grecia)

RINOCERONTE DE LA ERA DEL HIELO
Molar superior de un lanudo rinoceronte del Pleistoceno con pliegues de esmalte y dentina (pá 50) aplanados por mastic Especie: *Coelodonta antiquitatis* (Inglaterra)

Patrón bien desarrollado

JIRAFA ANTIGUA *(abajo)*
El *Sivatherium* era un pariente pleistocénico de l jirafa, aunque con piernas y cuello más cortos y cuernos más largos que la versión actual. Especie: *Sivatherium maurusium* (Tanzania)

Perezoso gigante; más de 12 pies (4 m) de alto (Pleistoceno)

Mandíbula superior de *Dorudon*

HUESO DE BALLENA
En agua y tierra, nuevos mamíferos evolucionaban, y otros morían. Mandíbula superior de una ballena del Eoceno con dientes aserrados para sujetar a sus presas. Especie: *Dorudon osiris* (Egipto)

Dientes aserrados

Reconstrucción del *Sivatherium*, con astas detrás de unos "conos" óseos frontales

¿CAMINABAN DE NUDILLOS?
Hueso de la "uña del pie" de un *Chalicotherium*, mamífero raro ya extinto del Mioceno, relacionado con el rinoceronte y el caballo. Sus miembros delanteros, más largos que los traseros, quizá lo hacían "caminar sobre sus nudillos", como el gorila. Especie: *Chalicotherium rusingense* (Kenia)

Vista lateral del cráneo de *Plesiaddax*

Asta de *Sivatherium*

CRÁNEO UNGULADO
En el Mioceno aparecieron muchos nuevos tipos de ungulados (animales con pezuñas), en especial con cuernos. *Plessiadax* era un antílope relacionado con el buey almizclero actual. Especie: *Plesiaddax depereti* (China)

ERA CENOZOICA (Terciaria)					Cuaternaria	
66	55	37.5	24	5	1.7	0.01
Período Paleoceno Los mamíferos se diversifican rápidamente, pero aún no se parecen a los actuales	**Período Eocénico** Aparecen primates y murciélagos. Primeros caballos	**Período Oligoceno** Primeros mastodontes y varios parientes del rinoceronte	**Período Mioceno** Simios presentes. Proliferan mamíferos herbívoros más modernos	**Período Plioceno** Los primeros humanos evolucionan	**Período Pleistoceno** Abundan mamíferos de la Era del Hielo y los casquetes de hielo avanzan y retroceden	**Período Holoceno** Mamíferos modernos. Los humanos aumentan en todos los continentes

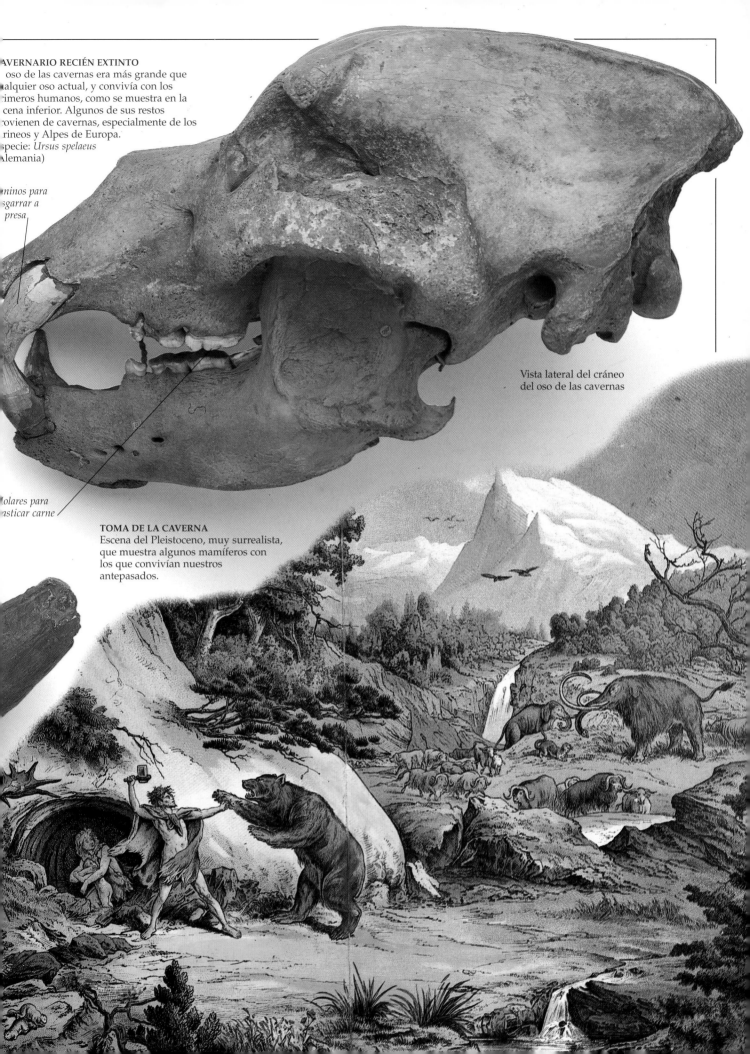

...AVERNARIO RECIÉN EXTINTO
...oso de las cavernas era más grande que
...alquier oso actual, y convivía con los
...rimeros humanos, como se muestra en la
...cena inferior. Algunos de sus restos
...rovienen de cavernas, especialmente de los
...rineos y Alpes de Europa.
...specie: *Ursus spelaeus*
...Alemania)

...ninos para
...sgarrar a
...presa

...olares para
...asticar carne

Vista lateral del cráneo
del oso de las cavernas

TOMA DE LA CAVERNA
Escena del Pleistoceno, muy surrealista,
que muestra algunos mamíferos con
los que convivían nuestros
antepasados.

Sentidos de los mamíferos

LOS BIGOTES DEL GATO
O en este caso, ¡los bigotes del ratón! Los bigotes son cabellos más largos de lo normal con células sensoriales incrustadas en la piel para detectar el movimiento. La mayoría está en la cara, pero algunos mamíferos los tienen en patas, pies y lomo.

U NA RAZÓN del éxito de los mamíferos es su "buen sentido", sus bien desarrollados sentidos: vista, oído, olfato, gusto y tacto. La evolución ha moldeado cada sentido para adaptarlo al estilo de vida de su dueño. Una buena visión serviría de poco a un mamífero subterráneo, como el topo (pág. 56), así que su vista es escasa; pero su hocico, en extremo sensible, combina tacto y olfato para hallar alimento (casi siempre gusanos que salen de los muros de su madriguera). El hombre depende de la vista. Se estima que cuatro quintas partes de lo que el cerebro humano "conoce" entra por los ojos. Así que nos es difícil imaginar la precisión con la que un mamífero con buena nariz "huele" el mundo a través de esencias y olores, o cómo un murciélago "oye" sus alrededores por ecos de chillidos (pág. 19). Pero, aunque dependamos de los ojos, nuestra visión no es absoluta; otros mamíferos, como algunas ardillas, tienen una vista más aguda. Lo mejor: los primates (humanos y gálagos incluidos) son mamíferos con visión a color. La mayoría ve en blanco y negro.

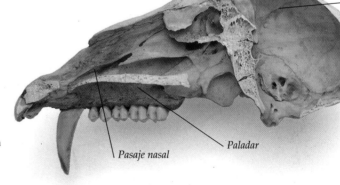

Cavidad cerebral

Cola larga y tupida

Pasaje nasal

Paladar

CRÁNEO CON SENTIDO
Esta vista lateral de cráneo de baubino muestra que los sentidos principales de los mamíferos se concentran en la cabeza. Las cavidades óseas protegen al cerebro, los ojos, los órganos olfativos y la lengua. El cerebro de un mamífero es grande en proporción con el cuerpo, pues tiene que descifrar la masa de información que envía el resto del cuerpo.

PARANDO LAS OREJAS
Muchos mamíferos, incluso los perros, tienen un buen sentido del oído y pueden mover sus orejas en dirección al sonido, para ubicar con mayor exactitud su origen.

CACERÍA CON EL TACTO
El ornitorrinco escarba en ríos y arroyos y halla a sus presas, insectos, gusanos de agua y cigalas, casi por completo con el tacto, pues su pico es extremadamente sensible.

EL MUNDO EN OLORES
Un cerdo con "nariz entrenada" olfatea trufas: hongos subterráneos que su dueño desenterrará y venderá como *manjar exquisito*.

LENGUA QUE CATA ALIMENTOS
Este león prueba su comida con el olfato y con el gusto. Pero la lengua no sólo detecta sabores; tiene otras funciones. Un mamífero que se lame los labios, limpia su cara (págs. 44-47)

MIRANDO AL FRENTE

El gálago parece ser todo ojos y oídos. Este tímido y nocturno (activo de noche) primate (pág. 8) tiene ojos enormes que ven en la noche más oscura, para localizar una presa o saltar de rama en rama y huir de los depredadores. El gálago es hábil para seguir pequeños insectos voladores con sus largas orejas; luego, se sujeta con las patas traseras, y extiende el cuerpo y los brazos para atrapar un insecto que pasa volando. Su nombre, *bush baby*, en inglés, quizá se derive de uno de sus llamados, semejante al llanto de un bebé humano.

Enormes ojos para calcular distancias con exactitud en la oscuridad

Gálago de Senegal

Orejas sensitivas para detectar insectos en vuelo

OJOS NOCTURNOS

Este gato tiene un ojo amarillo y otro azul. Si se le fotografía de noche con *flash*, su ojo amarillo refleja el verde de una capa reflectora (tapeto) en el fondo del ojo. El ojo azul no tiene tapeto, así que los vasos sanguíneos del fondo reflejan un brillo rojo.

Dedos con puntas redondeadas para asirse a las ramas

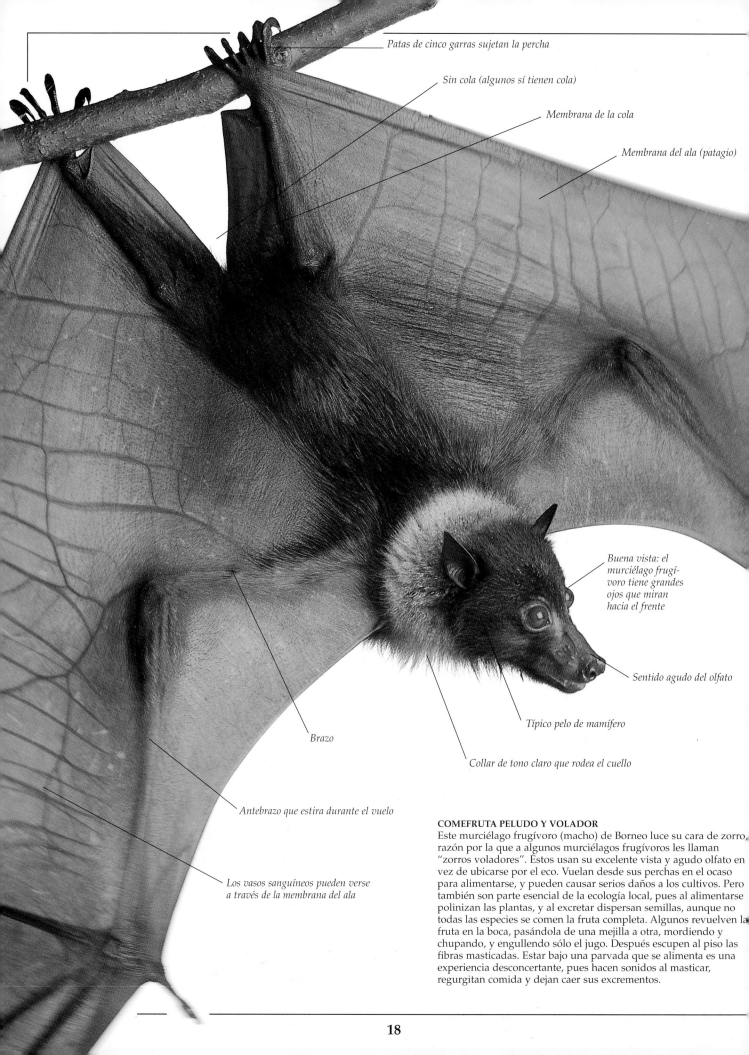

Patas de cinco garras sujetan la percha

Sin cola (algunos sí tienen cola)

Membrana de la cola

Membrana del ala (patagio)

Buena vista: el murciélago frugívoro tiene grandes ojos que miran hacia el frente

Sentido agudo del olfato

Típico pelo de mamífero

Collar de tono claro que rodea el cuello

Brazo

Antebrazo que estira durante el vuelo

Los vasos sanguíneos pueden verse a través de la membrana del ala

COMEFRUTA PELUDO Y VOLADOR
Este murciélago frugívoro (macho) de Borneo luce su cara de zorro, razón por la que a algunos murciélagos frugívoros les llaman "zorros voladores". Éstos usan su excelente vista y agudo olfato en vez de ubicarse por el eco. Vuelan desde sus perchas en el ocaso para alimentarse, y pueden causar serios daños a los cultivos. Pero también son parte esencial de la ecología local, pues al alimentarse polinizan las plantas, y al excretar dispersan semillas, aunque no todas las especies se comen la fruta completa. Algunos revuelven la fruta en la boca, pasándola de una mejilla a otra, mordiendo y chupando, y engullendo sólo el jugo. Después escupen al piso las fibras masticadas. Estar bajo una parvada que se alimenta es una experiencia desconcertante, pues hacen sonidos al masticar, regurgitan comida y dejan caer sus excrementos.

Mamíferos voladores

OS MAMÍFEROS saltan y brincan. Algunos nadan y se sumergen, ro solo los murciélagos vuelan. Éstos son el segundo grupo de míferos con más especies (pág. 9). Su tamaño varía, desde el pequeño rciélago nariz de cerdo con alas de 5 pulg (14 cm) de extensión, hasta los rros voladores con cuerpo del tamaño de un perrito y alas de 6 pies (2 m). Las alas del murciélago, únicas entre mamíferos, son finas hojas de músculo y fibras elásticas cubiertas de piel. Los huesos del brazo y del segundo al quinto dedos soportan el ala; el primer dedo, o "pulgar", es como una garra que usan para andar, acicalarse y, algunas especies, para pelear y asir comida. Los músculos que activan sus alas son los que tú usas para agitar los brazos, pero mucho más fuertes en proporción; algunos vuelan a más de 30 mph (50 kph). Son muy sociables. Miles se aperchan en cuevas o sitios similares. Algunas especies cooperan en la búsqueda nocturna de alimento. Machos y hembras se llaman durante la época de celo, y las crías, sonrosados bebés que parecen de gelatina, chillan en sus perchas-guardería, mientras vuelven las madres.

Pegaso, el legendario caballo volador

Quinto dedo

Cuarto dedo

Segundo dedo

Tercer dedo

Primer dedo ("pulgar" garra)

PLANEADORES (*d.*)
El murciélago es el único mamífero volador; otros, como marsupiales planeadores y colugos planean en el aire usando una membrana como paracaídas.

BEBÉ MURCIÉLAGO (*i.*)
Sujeto de su madre, el bebé toma leche, como otros mamíferos.

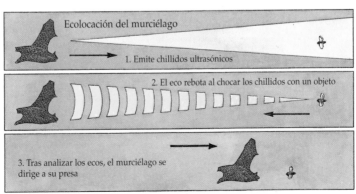

Ecolocación del murciélago

1. Emite chillidos ultrasónicos

2. El eco rebota al chocar los chillidos con un objeto

3. Tras analizar los ecos, el murciélago se dirige a su presa

"VER" CON SONIDO
El murciélago oye de noche con ecolocación. (1) Emite chillidos de alta frecuencia. (2) Las ondas sonoras rebotan en cualquier cosa a su paso y regresan a los oídos del murciélago como ecos. (3) Su cerebro evalúa los patrones de los ecos, formando una "imagen sonora". Luego, se dirige a la polilla.

LLAS, CAPULLOS Y SANGRE
hos murciélagos son insectívoros, comen las, jejenes y moscas, entre otros. El ívoro (*ar.*) come fruta, capullos y plantas. ampiro se alimenta de sangre.

VARIOS ROSTROS
Entre mamíferos, los murciélagos tienen algunas de las caras más interesantes.

Murciélago herradura   Murciélago nariz de hoja   Murciélago de lengua fimbriada

Abrigos peludos

Pelo, bigotes, lana, púas, espinas y hasta cuernos, están hechos de cabello, una característica de los mamíferos. Las ventajas del abrigo de piel han llevado al grupo de mamíferos al éxito. El cabello atrapa aire y repele frío y calor, viento y lluvia; así protege el cuerpo del mamífero. Los cabellos crecen de hoyuelos en la piel, los folículos, que constan de celdas aglutinadas y reforzadas con queratina, la misma sustancia proteínica fibrosa que fortalece la piel. No todos los mamíferos tienen cabello. Algunos, como las ballenas, lo perdieron durante la evolución.

*Los pelajes mostrados pertenecen a museos.
Ningún animal fue matado para hacer este libro*

LANA PARA VESTIR
Por siglos se han criado ovejas por su pelaje de lana. La lana de oveja es buen aislante, absorbente aunque elástico, y puede teñirse fácilmente. Más de la mitad de la lana del mundo proviene del Hemisferio Sur; tres cuartas partes se usan en el Hemisferio Norte.

Estambre de lana teñida, listo para tejer

La lana recién trasquilada contiene lanolina ("grasa de lana"), usada en cosméticos

Pelaje de foca

Pelaje moteado

FOCA IMPERMEABLE
La piel de foca contiene glándulas sebáceas (grasa), que hacen su piel aceitosa y repelente al agua. Bajo el pelaje hay un área de grasa aislante, como la de la ballena. Los esquimales, o *inuit* (ab.) cazan focas para alimentarse, y con la piel de éstas hacen sus botas y ropa.

Inuit con capucha de pelaje de foca

MUEREN POR SU GRASA
La ballena no tiene pelo para aislarse de las frías aguas oceánicas. Este trabajo lo hace el panículo, una capa de tejido graso bajo la piel, que también le da una forma hidrodinámica para nadar mejor. En algunas ballenas el panículo mide 20 pulg (50 cm) de espesor. La grasa procesada, o aceite de ballena, encendió millones de lámparas en el pasado, y sirvió para hacer jabones, pinturas, cosméticos, lubricantes y margarinas.

Corte que muestra el panículo de ballena

Epide
Derm
Paníc
Tejido conju
Tejido fibros
Músc

NIEVE PELUDA
El zorro ártico tiene una be cubierta invernal totalment blanca para camuflarse en e paisaje nevado. Otra varied de color, el azul, es grisáceo marrón en invierno.

Piel de zorro ár de color po

PELO EN GUARDIA
La zarigüeya norteamericana tiene pelaje lacio, a diferencia de su primo australiano (d.). El largo pelaje claro de guarda puede verse fácilmente proyectándose desde el profundo subpelaje.

PIEL DE ZARIGÜEYA
La zarigüeya australiana tiene pelaje crespo o "rizado". La zarigüeya de cola de cepillo es del tamaño de un gato y vive en los árboles. Uno de sus nombres es "gris plateado", por su piel.

Zarigüeya australiana

Zarigüeya norteamericana

Subpelaje

Pelaje de guarda

Pelaje crespo

Pelo de caracul

Pelo corto y texturizado

CORTO Y DENSO
La hermosa zalea aterciopelada de una joven oveja caracul se conoce como "oveja persa". La oveja se domesticó hace 10 a 12,000 años; hoy existen casi 350 razas, criadas para alimento y por su lana.

Pelo de mono colobo

Pelaje largo y denso

LARGO Y LUJOSO
Algunas especies de monos colobo escasearon debido a la caza por su piel, de pelo largo y sedoso. El pelaje del colobo negro satánico es negro brillante. Tristemente, turistas ignorantes aún compran adornos y carpetas hechas con piel de colobo.

lo de castor

rgo pelaje de guarda

ORIR POR LA PIEL
omo muchos mamí-
ros, el castor tiene
s tipos de pelo. Uno
denso con pelaje
rto marrón, el subpe-
je. El otro es cabello
ás ralo, más largo y
ueso, llamado pelaje
e guarda, que sirve
e protección y camu-
aje, mientras que el
ubpelaje aísla y repele
agua. La caza de
stores en EE. UU. por
s zaleas (piel) era tan
crativa que desató
erras por la posesión
e tierra; el comercio
el pelo de castor
udó al surgimiento
e gran parte de
mérica del Norte en
s siglos XVII y XVIII.

PELO IMPERMEABLE
Aunque pasa mucho tiempo bajo el agua, el campañol no se "moja", pues su largo pelaje de guarda mantiene seca la piel.

NO ESTAMOS "DESNUDOS"
Podemos considerarnos monos "desnudos", pero cientos de vellos, imperceptibles y pequeños, cubren nuestro cuerpo. El cabello en la cabeza humana es típico de los mamíferos. La moda, a través del tiempo, ha resaltado el "pelaje", como la peluca (i.) que usa este juez.

Cabello humano

RAYAS DE ADVERTENCIA
Las rayas distintivas del zorrillo destacan como un signo de advertencia. Si un depredador lo molesta, el zorrillo lo amenaza, levantando su cola y pisoteando. Si el acosador ignora la advertencia, el zorrillo lo rocía con líquido fétido de sus dos glándulas anales.

VIENTRE HERMOSO
La mayoría de los gatos con manchas tiene el vientre manchado. A menudo, los linces también tienen el lomo manchado.

Pelo de lince

Franjas distintivas blancas y negras

Pelo de zorrillo

Pelo manchado del vientre

Escondite al aire libre

Los pequeños mamíferos herbívoros son muy vulnerables cuando se alimentan al aire libre. Tienen pocas maneras de defenderse de sus enemigos. El camuflaje (parecerse a y "confundirse" con el entorno) los ayuda a pasar inadvertidos mientras permanezcan inmóviles. También los depredadores emplean el camuflaje para acechar a su presa sin ser vistos. El pelo cumple con esa función. Al variar el largo y las células que forman los distintos pigmentos que le dan color, puede lograrse prácticamente cualquier tono y diseño (pág. 20).

DISFRAZ INCORPORADO
Algas (plantas diminutas) crecen en los surcos del largo pelaje (pág. 20) del perezoso sudamericano de dos dedos. Cuando permanece quieto (l que ocurre casi siempre), a la tenue luz del bosque, se confunde con el follaje.

PIEDRITA CON BIGOTES
Roedores pequeños, como ratones y campañoles, se hallan entre los mamíferos más vulnerables. Su principal defensa: sus sentidos agudos y correr a un escondite cercano, o un buen camuflaje, si está al aire libre. El pelaje de este ratón árabe espinoso se confunde con las piedritas de arena y la madera seca de su hogar semidesértico.

Madera seca

Piedritas de color claro

Arena

HOJA CON COLA

Los campañoles de la pradera viven en pastizales, bosques e incluso a la orilla de los arroyos. Hurgan en la tierra, usualmente cubierta de hojas oscuras, secas o marchitas. Los campañoles son animales muy activos: se mantienen ocupados casi todo el día, así que el camuflaje es muy importante. Advertido por el suave aleteo de un ave cazadora, puede quedarse "congelado" en su camino. A la tenue luz del amanecer o del ocaso, o a la sombra de los árboles, sería difícil verlo desde arriba, según esta imagen a ojo de búho.

Hojas de un bosque de hoja caduca

Hojas secas

Madera húmeda

OCULTÁNDOSE DEL ENEMIGO

En la guerra, el hombre imita a la naturaleza y se camufla, igual que sus vehículos y armas. Ropa de combate verde y marrón "natural", moteada, confunde la silueta de los soldados en bosques y matorrales. Para lugares nevados es abrigadora y blanca, como el pelaje invernal del zorro ártico (pág. 20).

DISFRAZ DE LA SILUETA

La impresionante coloración del tapir malayo de lomo y vientre blancos y el resto negro, es un ejemplo de coloración desconcertante. En la oscuridad del bosque, el diseño confunde la aparatosa silueta del tapir y despista a sus depredadores. El joven tapir tiene pintas blancas, un recurso igualmente desconcertante.

Cubierta espinosa

Hasta 5,000 afiladas y rígidas espinas que salen por todos los ángulos, alejan a casi todos los depredadores. Esta cubierta espinosa es la principal defensa del erizo occidental, o europeo, mamífero común en jardines, parques, setos y bosques de Europa. Cada espina es un pelo convertido durante la evolución en una púa de 1 pulg (2 a 3 cm) de largo. La conducta del erizo ha evolucionado a la par de sus espinas; si está en problemas, se enrolla y espera a que pase el peligro.

Pasó el peligro: saca la frente y las patas delanteras

El erizo empieza a desenrollarse cuidadosamente

Un erizo totalmente enrollado no tiene partes vulnerables

3 TODO CLARO
El erizo decidió que la mayor amenaza ya pasó y es hora de irse. Su cabeza se endereza y es lo primero en salir de la bola para poder oler, oír y ver con claridad. También sus patas delanteras comienzan a salir. El erizo tiene las patas increíblemente largas, casi siempre ocultas bajo su manto de espinas. Puede correr bien, esconderse, trepar muros bajos y nadar, si es necesario.

2 MIRADA CAUTA
Las espinas intimidan al enemigo y actúan como un colchón elástico si el erizo cae por una pendiente o contra un árbol. Tras unos instantes de calma, el erizo se tranquiliza y asoma por su protección espinosa. Su vista es pobre, pero su olfato es agudo; y percibe las vibraciones en la tierra, emitidas por una criatura cercana a través de las espinas.

1 PROTECCIÓN COMPLETA
Ante el peligro, el erizo se apresura a meter su cabeza, piernas y cola, y arquea el lomo en forma de U. Una "capa" de músculo bajo la piel holgada se repliega sobre la cabeza, costados y parte trasera. Una banda muscular alrededor de la orilla de su capa se contrae, actuando como un cordón para jalar el manto de espinas alrededor de las partes inferiores. Las espinas automáticamente se levantan en el proceso. Este comportamiento defensivo produce la bola ceñida que muestra sólo espinas al acosador.

ENEMIGO MORTAL
El zorro caza animales más pequeños, incluso erizos. Puede empujar y golpetear toda la noche a un erizo ceñidamente enrollado, para hacer que se desenrolle y escape, y entonces herirlo en el vientre.

Pies apenas perceptibles

Cabeza recogida abajo

CONDUCTA RARA
El erizo masca algo asqueroso (como un sapo muerto, i.) para luego sacudirse y escupir su saliva espumosa en sus espinas. No se sabe por qué. Se cree que "autoungirse" es parte de la defensa del animal para ahuyentar a los depredadores.

BEBÉ MORDELÓN
La primera capa de espinas de un erizo recién nacido yace lisa bajo su piel, pero en pocas horas brota. El bebé se enrolla hasta los 11 días de nacido. En tanto, yergue la cabeza y muerde la nariz del depredador.

VUELTA
Si el erizo continúa enrollado, ostado boca arriba, sus ulnerables partes inferiores uedarían expuestas a los predadores, Para evitar un aque, el erizo se voltea pidamente para aterrizar sobre u vientre, manteniendo sus pies cogidos y su cabeza abajo para guir protegiéndose.

5 PREPARA LA HUIDA
Si no hay signos de nuevas amenazas, el erizo se desenrolla más. Su cabeza sale para revelar qué lado es cuál, y, olfateando y con bigotes temblorosos, busca un refugio apropiado, de preferencia una oscura maraña de zarzas y maleza.

La cabeza sale a inspeccionar el entorno

6 SALIDA RÁPIDA
La defensa propicia la huida, y el erizo se escabulle. Este animal se mueve con increíble rapidez ante el peligro: casi tan rápido como un paso humano acelerado, sin que su cuerpo toque el suelo. Pero si busca apaciblemente babosas, gusanos, insectos y fruta que ha caído, se arrastra entre hojas y plantas.

ARIENTE DEL ERIZO?
l equidna de Australia y Nueva Guinea tiene na cubierta de espinas como las del erizo. unque su parentesco es distante, han esarrollado igual sistema de defensa por parado. El erizo pare crías vivas, mientras e el equidna pone huevos (pág. 31).

El erizo busca con rapidez un sitio seguro

Diseños para la defensa

MUCHOS MAMÍFEROS tienen estrategias de defensa contra los depredadores sin riesgo de lastimarse. es importante cuando miembros de la misma especie compiten por comida, territorio o pareja. Las señales físicas incluyen desplegar intimidantes cuernos y astas, mostrar los dientes, eriza pelaje para parecer más gra y producir fuertes sonidos Los encuentros físicos so riesgo: si el vencedor sal herido, aunque gane la por una compañera, des puede ser atacado por un depredador y perder la lu por la v

Astas cortas

ASTAS Y COLMILLOS
El macho muntjac, o "ciervo ladrador", tiene astas cortas y puntiagudas y dos colmillos en el maxiliar superior. Cuando ciervos rivales (machos) pelean para establecer territorio y ganar el derecho de reproducción sobre las hembras, tienden a usar los colmillos en vez de las astas. Si los ataca un depredador, la primera defensa del muntjac es huir. Si esto falla, embiste con sus astas y trata de patear al atacante.

Colmillos

Cráneo de muntjac macho

Asta de ciervo rojo

Ciervos rojos machos luchando con astas

Diente (punta de asta)

CHOQUE DE ASTAS
Las astas impresionantes del ciervo rojo macho son una señal de su fuerza y dominio. En el otoño, en la época de celo (apareamiento), se vuelven armas físicas. Dos machos rivales primero gruñen y rugen, después agachan sus cabezas y chocan sus astas, empujando hacia delante y hacia atrás. El que gana, obtiene un harén de hembras. Las astas mudan (caen) en primavera y crecen nuevas en verano.

Cuerno de ciervo negro de la India

Espirales en el cuerno

ESPADA DE ESPIRAL
Los cuernos de las gacelas (los que aquí se muestran son de un ciervo negro de la India) no mudan cada año, como en los ciervos. Los jóvenes machos "esgrimen" con sus cuernos, practicando para cuando estén listos para arriesgarse por un territorio y por hembras, y de ahí la capacidad de reproducirse.

UN TEMIBLE BOSTEZO
Al bostezar, el hipopótamo muestra sus enormes dientes. Cuando dos hipopótamos machos "bostezan" uno al otro, despliegan su dominio del territorio (los límites de un río o la orilla de un lago). Si pelean, los dientes pueden causar un gran daño en el rival, pero su piel sana con rapidez.

Un temible bostezo

Diente de hipopótamo

El león y el unicornio defienden un escudo de armas

Surcos en el cuerno

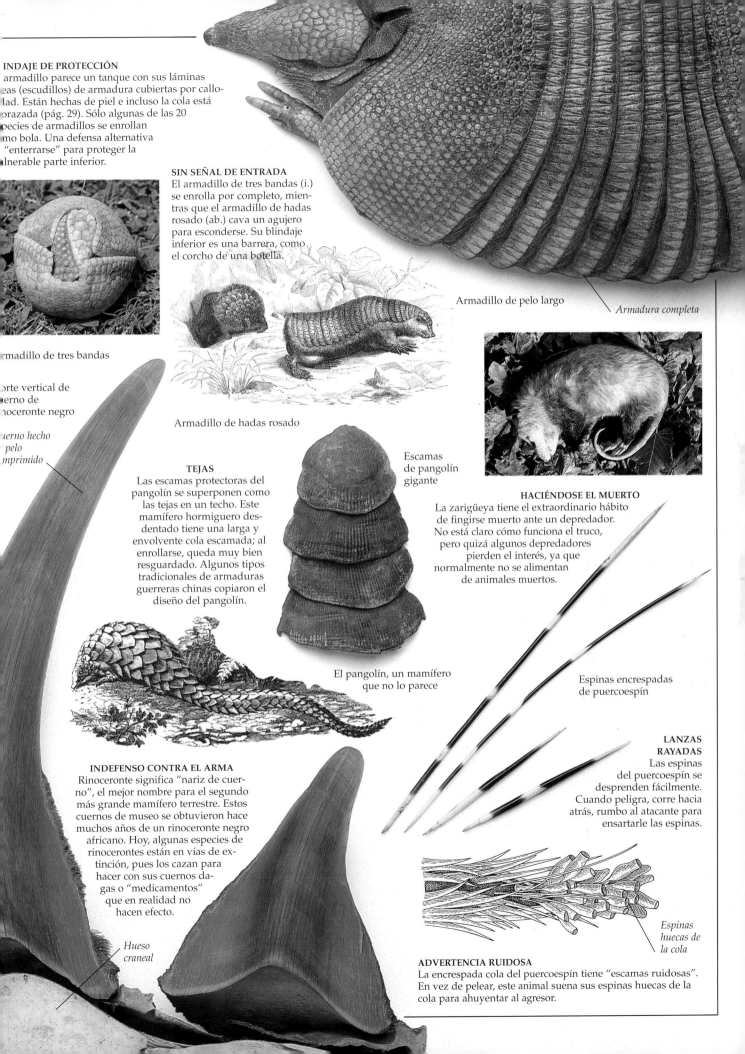

BLINDAJE DE PROTECCIÓN

El armadillo parece un tanque con sus láminas óseas (escudillos) de armadura cubiertas por callosidad. Están hechas de piel e incluso la cola está acorazada (pág. 29). Sólo algunas de las 20 especies de armadillos se enrollan como bola. Una defensa alternativa es "enterrarse" para proteger la vulnerable parte inferior.

Armadillo de pelo largo

Armadura completa

Armadillo de tres bandas

SIN SEÑAL DE ENTRADA
El armadillo de tres bandas (i.) se enrolla por completo, mientras que el armadillo de hadas rosado (ab.) cava un agujero para esconderse. Su blindaje inferior es una barrera, como el corcho de una botella.

Armadillo de hadas rosado

Corte vertical de cuerno de rinoceronte negro

Cuerno hecho de pelo comprimido

TEJAS
Las escamas protectoras del pangolín se superponen como las tejas en un techo. Este mamífero hormiguero desdentado tiene una larga y envolvente cola escamada; al enrollarse, queda muy bien resguardado. Algunos tipos tradicionales de armaduras guerreras chinas copiaron el diseño del pangolín.

Escamas de pangolín gigante

HACIÉNDOSE EL MUERTO
La zarigüeya tiene el extraordinario hábito de fingirse muerto ante un depredador. No está claro cómo funciona el truco, pero quizá algunos depredadores pierden el interés, ya que normalmente no se alimentan de animales muertos.

El pangolín, un mamífero que no lo parece

Espinas encrespadas de puercoespín

LANZAS RAYADAS
Las espinas del puercoespín se desprenden fácilmente. Cuando peligra, corre hacia atrás, rumbo al atacante para ensartarle las espinas.

INDEFENSO CONTRA EL ARMA
Rinoceronte significa "nariz de cuerno", el mejor nombre para el segundo más grande mamífero terrestre. Estos cuernos de museo se obtuvieron hace muchos años de un rinoceronte negro africano. Hoy, algunas especies de rinocerontes están en vías de extinción, pues los cazan para hacer con sus cuernos dagas o "medicamentos" que en realidad no hacen efecto.

Hueso craneal

Espinas huecas de la cola

ADVERTENCIA RUIDOSA
La encrespada cola del puercoespín tiene "escamas ruidosas". En vez de pelear, este animal suena sus espinas huecas de la cola para ahuyentar al agresor.

Huesos de cola
de caballo

Cola de elefant[e]

¿Para qué una cola?

POR DENTRO, la cola de los mamíferos es una continuación de la columna, compuesta por vértebras. Pero por fuera, varía en tamaño, forma y función, tal como su dueño. Puede ser como una "bufanda" para calentar en invierno, una espantamoscas o una "bandera" de increíble diseño que transmite el humor y la intención del mamífero. Cuando un perro menea el rabo, está contento, y cuando la pone entre las patas es porque se le ha regañado; si un gato eriza su cola, está molesto. "El lenguaje de la cola" es común entre los mamíferos; con pequeñas variantes en la postura y movimiento, expresa agresión, sumisión u otras reacciones. Pocos son los mamíferos sin cola, entre ellos, nosotros. El vestigio evolutivo de nuestra "cola" es un muñón de cuatro o cinco vértebras fusionadas, el coxis, en la base de la espina dorsal.

Cola de
caballo

ESPANTAMOSCAS PELUDO
La cola del caballo tiene cientos de cabellos largos y gruesos que el animal usa para alejar a las molestas moscas. Las últimas quince vértebras ocupan cerca de la mitad de la longitud de la cola (ar.), que impulsan músculos igual de largos. La cola arriba es señal de excitación (como durante el cortejo); agitar la cola puede indicar enojo, irritación o dolor.

DE TROMPA A COLA
El mamífero terrestre viviente más grande tiene piel gruesa, pelo escaso y un cepillo de pelos hirsutos al final de la cola. Cuando camina en fila, el elefante enrosca su trompa en la cola del que lo precede.

*Pelo grueso
y rígido*

*Cola de
pelo largo*

Punta de
cola de
gamo

MECHÓN
DE COL[A]
La cola larga de[l] león tiene un pe[]queño mechón d[e] pelo oscuro en l[a] punta (i.). Los ca[]chorros de leó[n] suelen jugar con e[l] mechón de la col[a] del adulto, practi[]cando el acecho. L[a] cola del gamo (i.[]) es oscura arriba [y] blanca po[r] abajo. El pel[o] del cuerp[o] debajo de l[a] cola es blan[]cuzco con raya[s] negras. S[i] peligra, levanta[] la cola [y] "relampaguea"[] una señal para otr[o] gamo de l[a] manada[.]

Punta de
cola de león

28

SPERA PARA ASIR

as zarigüeyas son marsupiales de
s bosques de Australia y Asia
roriental. Esta cola de zarigüeya
e Nueva Guinea tiene piel
scamosa desnuda desde la parte
aja hasta la punta. La piel áspera
ene mejor agarre que el pelaje. La
ola de la zarigüeya puede
nredarse en las ramas y funcionar
omo un quinto miembro (ab.).

E PASEO

 mono araña tiene
la prensil, una buena
edida de seguri-
d para vivir
 lo alto de
s selvas de
mérica del
r.

ola del lémur
e cola anillada

Cola de zarigüeya de
Nueva Guinea

Cola de castor canadiense

TIMÓN Y ALARMA
El castor canadiense usa
su cola plana y escamo-
sa como timón cuando
nada con sus anchas y
membranosas patas
traseras. También
puede agitarla para
lograr más empuje
en caso de urgencia.
Si se asusta, la azota
sobre la superficie
del agua con fuerte
chasquido para
alertar a sus
compañeros.

*Piel esca-
mosa para
mejor agarre*

*Escamas
grandes en
la cola*

**CEPILLO
ESPONJADO**
El cepillo peludo del
zorro rojo es una exce-
lente y cálida
envoltura que lo
mantiene cómodo en
invierno. Se creía
que los zorros eran
cazadores
solitarios; hoy
se sabe que son
sociables y con
su cola dan
señales a otros
en el grupo
de familia. La
punta o
"coletilla"
puede ser
oscura o
blanca.

Cola de
zorro
rojo

*Glándula odorí-
fera, importante
para la comuni-
cación social*

COLA DE RATA
Típica cola escamo-
sa y sin pelo de
rata arbórea; le
da
equilibrio.

Cola negra
de rata
arbórea

Punta blanca

Cola sin pelaje

PUNTA NEGRA
El pelaje blanco invernal del armiño (marrón en verano) es un
buen camuflaje en la nieve, aunque su cola permanece negra. Se
cree que esto confunde a las aves rapaces, como los búhos, que
se lanzan en picada hacia la punta de la cola, y no hacia la
vulnerable cabeza del armiño.

BLINDADO PARA PROTECCIÓN
La cola del armadillo está acorazada, igual que la
parte superior del cuerpo (pág. 27). Las placas
callosas se forman de piel dura.

Cola de armadillo

BANDERA OLOROSA
El lémur de cola anillada es
un mamífero sociable, activo
de día, y pasa menos tiempo
que otros lémures en los
árboles. Al caminar en cuatro
patas, mantiene erguida su
cola de anillos. Cuando un
lemur desafía a otros machos
por un lugar
en la jerarquía del grupo,
frota la cola en
las glándulas odoríferas
de sus hombros y patas, y la
agita sobre la cabeza, para
esparcir el aroma.

Placas callosas

Cola de ardilla voladora de Horsfield

COLA PARA VOLAR
La ardilla voladora desciende de
un árbol a otro, planeando con
las aletas a los costados del
cuerpo. La cola plana
actúa como timón y
freno de aire.

*Aplanadas,
para mejor
control*

COLA DE BALLENA
La cola muscular consta de dos largas aletas. La
fuerza de nado proviene de los músculos del lomo,
que mueven las aletas de arriba abajo.

*Las bandas son señales para
alertar a otros lémures*

Nacimiento prematuro

Marsupiales australianos

LA MAYORÍA DE LOS MAMÍFEROS se desarrolla en el vientre (útero) de la madre. Nacen ya formados, y muchas especies caminan a las pocas horas de nacer (pág. 35). Los animales con bolsa, o marsupiales, no siguen este patrón. Se diferencian de otros mamíferos por su reproducción. El canguro gris oriental es el ejemplo típico: el bebé se desarrolla por cinco semanas en el vientre. Cuando nace, mide 1 pulg (2.5 cm) de largo y está pelón, ciego e irreconocible como canguro (foto al lado). Trepa desde el orificio urogenital (distinto del canal de parto de otros mamíferos, pág. 35) hasta la bolsa de la madre, en donde toma una tetilla con su boca y succiona; la tetilla se hincha y el bebé se "adhiere" para continuar su desarrollo. La bolsa actúa como un "vientre externo", en donde el bebé sigue creciendo. Poco después, las mandíbulas del bebé pueden soltar la tetilla. Cuando ha crecido lo suficiente, sale de la bolsa por periodos cortos. Tras 10 meses, el joven es muy grande para entrar en la bolsa.

Ualabí hembra de cuello rojo adulto

Ualabí macho de cuello rojo de cuatro meses

a ualabí madre de cuello rojo (o de Bennett)
su *joey* (bebé) es el típico miembro de la
ilia de canguros y ualabíes. De 120 especies
marsupiales que tiene Australia, cerca de 50
ecies pertenecen a esta familia. No hay
erencia real entre el canguro y el ualabí: se
mbra canguros a las especies grandes, y
abíes a las pequeñas. El nombre científico
esta familia es *Macropodidae*, "pies grandes".
anzan a grandes saltos con sus enormes
as y usan la cola como contrapeso. Algunos
ndes canguros viajan a casi 40 mph (60 kph).
ndo pastan (son herbívoros), se mueven
lentitud, descansando sus colas en sus
as delanteras, en el suelo o en la tierra,
ntras se mecen con las patas traseras.
scansan sentados sobre sus colas o se
uestan bajo la sombra de un árbol. El ualabí
cuello rojo fue uno de los primeros
rsupiales vistos por europeos, cuando la
mera flota ancló en la caleta de Sydney en
'8. Su nombre tradicional es "de matorral",
es prefiere maleza y bosque en vez del
npo abierto. El *joey* de cuatro meses empieza
lejarse de su madre, pero salta a la bolsa a la
primera señal de peligro. A los nueve meses
a la bolsa, pero no será destetado (pág. 33)
ta los doce meses de edad.

Un nacimiento aún más prematuro

Sólo tres de las casi 4,000 especies de mamíferos
ponen huevos: el ornitorrinco, de Australia; el
equidna de pico corto, de Australia y Nueva
Guinea, y el equidna de pico largo de
Nueva Guinea, son los únicos
monotremas (pág. 8), "mamíferos
ovíparos". Los huevos empollan
casi dos semanas después de ser
puestos. Los bebés beben leche que
mana de los poros dilatados de la
piel de su madre. Los monotremas
no tienen tetillas (pág. 36).

Huevo de equidna

Cabeza de ornitorrinco

Cabeza de equidna

¿SIMIO MARSUPIAL?
Algunas zarigüeyas de las Américas,
marsupiales también conocidos
como filandros, parecen simios,
aunque su única relación cercana es
la de ser mamíferos. Este filandro
lanoso habita las selvas tropicales de
América Central y del norte de
América del Sur. Como el simio,
tiene grandes ojos que miran al
frente para medir distancias con
precisión, mientras se mueve de
rama en rama. Tiene cola prensil,
como algunos simios de América del
Sur. Come fruta y néctar, como
muchos simios, aunque su nacimiento es marsupial. Tras nacer, los bebés
se sujetan de las tetillas en la bolsa.
Conforme crecen, pueden trepar en
su madre y viajar sobre ella.

Después de su épico viaje hacia el
marsupio, el canguro en desarrollo se
adhiere a la tetilla y succiona leche
(pág. 36), como cualquier mamífero.

¿PERDIDO PARA SIEMPRE?
El tilacino, o "tigre de Tasmania", es un marsupial parecido a un lobo rayado, o más bien lo era, tras
su probable extinción. El último tilacino cautivo murió en 1936, en el zoológico Hobart, en Tasmania.
Desde 1938, la ley protege a estas criaturas, pues las cazaban por sus asaltos a rebaños y corrales.
Posibles avistamientos se han reportado en las llanuras salvajes de Tasmania, y aun en Australia,
aunque muchos naturalistas creen que se ha extinguido.

Padres prolíficos

Los ratones son pequeños mamíferos, y presa fácil para otras criaturas. Su estrategia de supervivencia es la reproducción a velocidad extrema. Una ratona concibe desde las 6 semanas de edad y puede tener hasta 10 camadas, con cinco o siete crías por camada, en un año. Si todos sobreviven y procrean, ¡una pareja puede tener medio millón de descendientes!

El cuerpo no tiene pelaje

Nido hecho de paja y pasto

Pequeños miembros

Cola en desarrollo

Orejas

1 DÍA DE NACIMIENTO
La madre ha construido un nido acogedor con paja, pasto y musgo, entretejido con restos de plantas. En el hábitat humano, los ratones domésticos usan trozos de tela, sacos o papel. Construyen el nido en un lugar seguro, como bajo un agujero, el piso o detrás de las paredes. Veinte días después de aparearse, la madre da a luz. Los bebés apenas parecen mamíferos, ya no ratones (rosados, sin pelo, sin orejas y ciegos) y dependen totalmente de su madre.

2 DOS DÍAS DE NACIDOS
Los bebés, como de goma, se retuercen y pasan el tiempo tomando leche de su madre (succión; págs. 36-37) y descansando en el acogedor nido. La cola se alarga y los ojos y orejas se vuelven más prominentes.

3 CUATRO DÍAS DE NACIDOS
Dos días después, los bebés ya se parecen más a un ratón. Las orejas son visibles, y las patas han tomado proporciones de ratón. Emiten chillidos audibles para nosotros y chillidos ultrasónicos, demasiado altos como para que los escuche el oído humano. La madre sí puede oírlos. Si deja el nido por mucho tiempo, y los bebés tienen frío, la llamarán ultrasónicamente, como si pidieran: "¡Por favor, ven y danos calor!".

EL REGRESO DEL ERRANTE
La ratona es buena madre. Ubica a los bebés que se alejan o caen del nido, en parte por sus chillidos, y los regresa tomándolos con la boca.

Dedos ya desarrollados

Aparece pelo

SIGNO DE MAMÍFERO
Alimentar a las crías con leche es característica única de los mamíferos; la ratona alimenta a sus bebés así. Esto les da energía para crecer a tal velocidad.

Abren los párpados

SEIS DÍAS DE NACIDOS
Los jóvenes adquieren un tono marrón a medida que el pelo ~~cre~~ce. Ésta es una fase riesgosa, pues sus movimientos y chillidos ~~re~~quieren más fuerza, por lo que corren más peligro de que los ~~de~~predadores hallen el nido. La madre los sigue ~~a~~mamantando; no serán destetados (dejar la leche y ~~co~~mer sólidos, como semillas y granos) hasta que ~~cu~~mplan 18 días. El padre está ausente. ~~Pa~~rticipa poco o nada en la vida ~~fa~~miliar.

5 DIEZ DÍAS DE NACIDOS
Los párpados se abren, y los jóvenes ratones pueden ver, aunque su vista es escasa. También se mueven más, con movimientos cada vez más coordinados. En muchos mamíferos, las crías alcanzarían este nivel de desarrollo en el útero, y hasta entonces nacerían (ver gatitos en págs. 34-35). Pero los ratones tienen grandes camadas, por eso las crías nacen prematuramente, pues la madre no podría llevar tantos bebés en su vientre.

El cuerpo se cubre de pelo

CATORCE DÍAS DE NACIDOS
Ahora los jóvenes curiosean en ~~lo~~s alrededores y dejan el nido por ~~pa~~sos cortos. En unos días más, ~~se~~valdrán por sí mismos y ~~en~~frentarán riesgos, ~~de~~predadores, falta de ~~co~~mida, cambios ~~cli~~máticos y ~~so~~brepoblación, ~~pu~~es ellos ~~mi~~smos se ~~re~~producirán.

A las dos semanas, los ratones empiezan a explorar fuera del nido

El nido ya es muy pequeño

Siete vidas

AL MAMÍFERO CUYOS BEBÉS SE DESARROLLAN EN EL ÚTERO de la madre se le conoce como mamí fero placentario. El vientre protege a los bebés hasta que están bastante desarrollados; un órgano llamado placenta les proporciona comida y oxígeno. Los gatos son mamíferos placentarios, y los bebés nacen con todo su pelaje. Compara a los gatitos con los bebés ratones de la pág. 32 (también placentarios) y con el ualabí bebé de la pág. 30 (marsupial). En muchas especies, el período de gestación (tiempo en que se desarrolla un bebé en el útero) está ligado al tamaño del cuerpo. En las musarañas es de casi dos semanas; en los rinocerontes, de 16 meses. El nacimient es peligroso para madre y bebés, pues si no salen a tiempo, los fluidos de parto pueden dañarlos. El naci- miento es privado; animales qu viven en grupo como los ciervos, se alejan para hallar un lugar seguro donde parir.

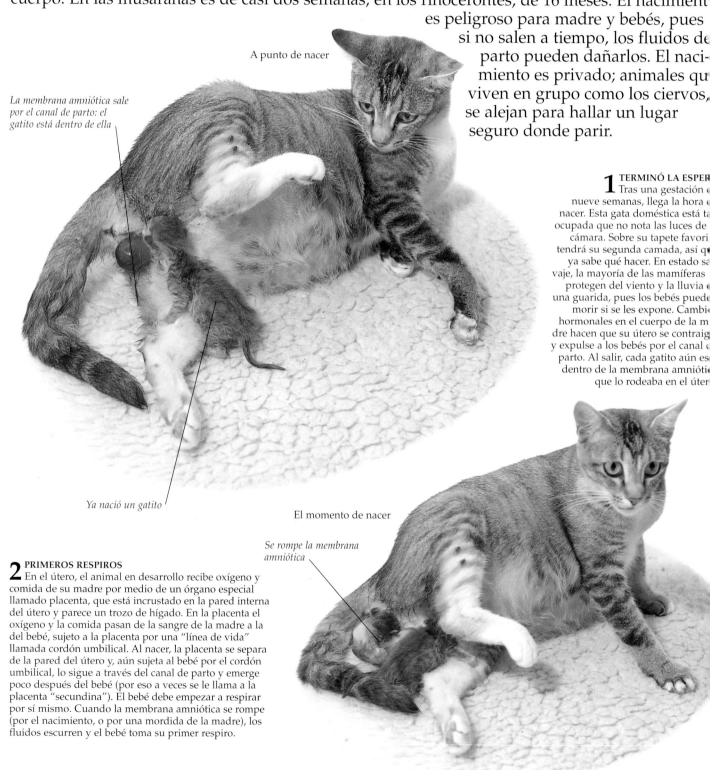

A punto de nacer

La membrana amniótica sale por el canal de parto: el gatito está dentro de ella

Ya nació un gatito

El momento de nacer

Se rompe la membrana amniótica

1 TERMINÓ LA ESPER
Tras una gestación nueve semanas, llega la hora nacer. Esta gata doméstica está ta ocupada que no nota las luces de cámara. Sobre su tapete favori tendrá su segunda camada, así q ya sabe qué hacer. En estado sa vaje, la mayoría de las mamíferas protegen del viento y la lluvia una guarida, pues los bebés puede morir si se les expone. Cambi hormonales en el cuerpo de la m dre hacen que su útero se contraig y expulse a los bebés por el canal parto. Al salir, cada gatito aún es dentro de la membrana amnióti que lo rodeaba en el úter

2 PRIMEROS RESPIROS
En el útero, el animal en desarrollo recibe oxígeno y comida de su madre por medio de un órgano especial llamado placenta, que está incrustado en la pared interna del útero y parece un trozo de hígado. En la placenta el oxígeno y la comida pasan de la sangre de la madre a la del bebé, sujeto a la placenta por una "línea de vida" llamada cordón umbilical. Al nacer, la placenta se separa de la pared del útero y, aún sujeta al bebé por el cordón umbilical, lo sigue a través del canal de parto y emerge poco después del bebé (por eso a veces se le llama a la placenta "secundina"). El bebé debe empezar a respirar por sí mismo. Cuando la membrana amniótica se rompe (por el nacimiento, o por una mordida de la madre), los fluidos escurren y el bebé toma su primer respiro.

CORTANDO EL CORDÓN

El gatito espera cerca de la cola de la madre hasta que la placenta sale. Durante la espera, la sangre del cordón umbilical se coagula y evita que los gatitos sangren cuando la madre muerde el cordón. Después, la madre se come la placenta, ya que es una buena fuente de nutrimentos cuando no puede salir a alimentarse. Además, su olor podría traer la indeseable atención de depredadores y moscas si no la limpia. Más tarde, la madre lame a los gatitos, y seca su pelo para que se esponje y mantenga caliente. Mientras, el primer gatito en nacer ha inspeccionado el cuerpo de la madre, usando olfato y tacto para encontrar las tetillas y beber leche (pág. 36). Es un duro trabajo para la madre, pues los gatitos nacen con una diferencia de 30 minutos entre sí, y siempre hay uno que lamer y limpiar. La fiera salvaje madre ataca ferozmente a cualquier animal que ose interrumpirla en este momento. Incluso sus gatitos luchan y escupen ante una amenaza. La gata doméstica aprecia la ayuda y atención de un humano de confianza, pero sus gatitos gruñen y muestran las encías, como gatos salvajes, si huelen a alguien cerca de ellos.

Cortando el cordón umbilical

El primer gato que nace ya se alimenta

*La madre corta el cordón
con los dientes*

Una maraña de hermanos

4 NACER ES DIFÍCIL
Los húmedos recién nacidos lucen sofocados y fatigados tras su nacimiento. Sus ojos y orejas están sellados, así que son ciegos y sordos, pero no son tan indefensos como parecen. De hecho, son muy activos y están creados para resistir. Si la madre por accidente se sienta en ellos o los pisa, chillan con fuerza y se lo hacen saber.

A CAMINAR
A diferencia de los indefensos gatitos, un becerro recién nacido puede caminar y correr. La evolución ha asegurado que los animales de presa, en especial en hábitats al aire libre, pasen el menor tiempo posible pariendo.

FAMILIA FELIZ

Ya nacieron todos los gatitos. Fue una camada grande, pero los nacimientos fueron rápidos y fáciles, sin problemas para la madre, que continúa lamiendo y secando a las crías. Pronto podrá recostarse y dormir mientras los gatitos se alimentan felices, calientes y seguros contra su vientre. El peligro ya pasó.

Solo de los mamíferos

La yegua tiene dos tetillas entre las patas traseras. Dirige al potro hacia ellas; éste se alimenta cuatro veces por hora

LAS GLÁNDULAS MAMARIAS, únicas de las madres mamíferas, se forman en la piel. Parecen glándulas sudoríparas especializadas y crecen en dos "líneas de leche", a cada lado del abdomen. Los gatos y los perros tiene varias glándulas y tetillas a los costados; en los animales con pezuñas, se hallan cerca de las patas traseras. En los primates (incluidos los humanos), están en el pecho, lo que puede relacionarse con la adaptación a una vida arbórea y la consecuente necesidad de cargar a los bebés con los miembros delanteros. Durante el embarazo, las glándulas mamarias crecen por influencia de las hormonas estrógeno y progesterona. Otra hormona, la prolactina, estimula la producción de leche. Tras el nacimiento, la hormona oxitocina, de la glándula pituitaria (bajo el cerebro), causa la liberación de leche y estimula su producción; ésta es un alimento completo para el bebé, que le proporciona el agua que necesita.

LA TETILLA PERFECTA

A diferencia de los gatitos, los perritos se alimentan de cualquier tetilla. La tetilla (o pezón) es un lóbulo de tejido texturizado, parecido a una goma. Embona en la boca del bebé y minimiza la pérdida de leche cuando éste se alimenta; también actúa como válvula de cierre: evita que la leche escurra después de que comió la cría.

La gata (pág. 34) con su tercera camada, mucho más pequeña

GATA Y GATITOS CONTENTOS

A una hora de haber nacido, el gatito bebe leche de la tetilla de su madre. Como usualmente pasan casi 20 minutos entre los nacimientos de sucesivos compañeros de camada, y hay cuatro o cinco gatitos en una camada promedio, el primero en nacer ya estará comiendo cuando lleguen los siguientes. Aunque no puede ver ni oír, el gatito puede oler y percibir con bigotes, pelo, nariz y patas. Se dirige al origen de la leche arrastrándose; localiza el calor del cuerpo de la madre y avanza hasta que encuentra una tetilla. "Frota" la tetilla con patas y cara y estimula el flujo de leche. Tras compartir en un principio, cada gatito tiende a establecer una rutina y bebe de "su propia" tetilla. Si la camada es grande, las crías se alimentan por "turnos".

Las tetillas se extienden a lo largo del abdomen

La pequeña camada no necesita esta tetilla

MANATÍ MATERNAL
El manatí, un mamífero marino, tiene tetillas detrás de las aletas frontales, cerca de las "axilas". La cría mama bajo el agua, al lado de su madre, en aguas calmas. A veces, la madre abraza a la cría con la aleta para que la corriente no la arrastre, como una madre humana carga a su bebé.

Gatitos recién nacidos se alimentan de la leche de su madre

Cada gatito tiene su propia tetilla

OS GEMELOS LOBO
los legendarios fundadores de la antigua Roma, los
emelos Rómulo y Remo, supuestamente los
mamantó una loba hasta que unos pastores los
allaron y criaron. No es probable que la leche del lobo
roporcione los nutrimentos que un humano requiere.

EN BUSCA DEL PEZÓN
Un bebé humano, a diferencia de otros mamíferos, pierde algo de peso después de nacer, pero lo recupera en una semana. Si le tocan la mejilla, el bebé voltea hacia ese lado y busca el pezón: es un reflejo integrado (llamado "perioral") del recién nacido.

El crecimiento

COMPARADOS CON OTROS ANIMALES, los mamíferos invierten mucho tiempo y energía en sus crías. Un insecto pone cientos de huevos que deja a su suerte. Un erizo de mar pone miles de huevos y no hace nada más con ellos. Los mamíferos usan una estrategia distinta. En general, tienen pocos descendientes, a los que cuidan bien. Limpian a las crías, las alimentan, las mantienen calientes y las educan, generalmente hasta que son autosuficientes. El grado de cuidado paternal varía según el mamífero. Nosotros estamos en un extremo del espectro: los padres humanos pasan muchos años criando a sus hijos. La musaraña arborícola madre es probablemente la peor de todas, pues deja a su cría en el nido después de nacer y regresa sólo una vez cada dos días. La gata cuida a sus gatitos hasta que los desteta y son lo bastante grandes como para alimentarse por sí solos. Los gatitos crecen rápidamente, como se muestra en estas ilustraciones, tomando la energía necesaria para crecer de la leche materna (pág. 36). Hacia las nueve semanas de vida, los gatitos han crecido lo suficiente como para dejar a la madre. Se puede compara esto con el ualabí (pág. 30) y el ratón (pág. 32).

INDEFENSO HASTA LOS 63 DÍAS
Mientras que el joven gato se ha vuelto autosuficiente, el bebé humano de la misma edad es relativamente indefenso. Uno de sus comportamientos más gratificantes es la sonrisa la cual fomenta el afecto y el trato (y también calidez) y fortalece el vínculo madre-hijo. Pero pasarán más años hasta que sea totalmente independiente.

Gatito recién nacido

Ojos y oídos cerrados

El pelaje se ha secado

1 NACIMIENTO
Los gatitos tienen pelaje al nacer; vivir en el ambiente líquido del vientre hace que el bebé nazca empapado. El "agua" es fluido amniótico (pág. 34). La madre lame el cuerpo de la cría, y pronto el pelaje queda seco y brillante. El gatito es relativamente indefenso; no puede ver ni oír (ojos y oídos están cerrados), no puede levantar la cabeza, pero siente, huele y se mueve, así que pronto encuentra la tetilla de la madre y empieza a alimentarse (pág. 36).

Gatito de 7 días de vida

El cuerpo ha crecido

Los ojos son pequeñas ranuras

2 SIETE DÍAS DE VIDA
En una semana, el gatito ha duplicado su tamaño y peso, de más o menos 4 onzas (100 g) al nacer. Sus ojos apenas se están abriendo. Todavía no puede detectar colores y formas. El gatito debe aprender a reconocer y descifrar lo que ve, y esto toma tiempo. La madre lo limpia, y lame la orina y el excremento. En estado salvaje, esta conducta es lógica, pues un nido sucio y oloroso atraería a los depredadores.

3 VEINTIÚN DÍAS DE VIDA
Ahora los ojos y oídos del gato funcionan bien, y puede sostener la cabeza. Su peso se ha cuadruplicado desde el nacimiento, sus músculos son fuertes y más coordinados, y las patas son un poco más largas, así que el gatito sólo se arrastra. Si está en problemas, maúlla con fuerza, mostrando su primeros dientes, o dientes de "leche", que aparecen entre las dos y tres semanas de vida.

Gatito de 21 días

Ojos completamente abiertos

Dientes de leche

Patas más largas para caminar lentamente

Gatito de 30 días

4 TREINTA DÍAS DE VIDA
Luego de alimentarse, el abdomen del gatito cuelga y apenas se separa del suelo, pues sus patas son relativamente cortas. Ahora camina con seguridad y deja el nido por su voluntad para explorar y jugar. Un gran cambio es el proceso de destete: el gatito empieza a probar alimento sólido y bebe menos leche de la madre, quien trae presas al nido y permite que los gatitos las examinen. Así aprenderán qué deben cazar después.

La cara cambia de proporción y parece más adulto

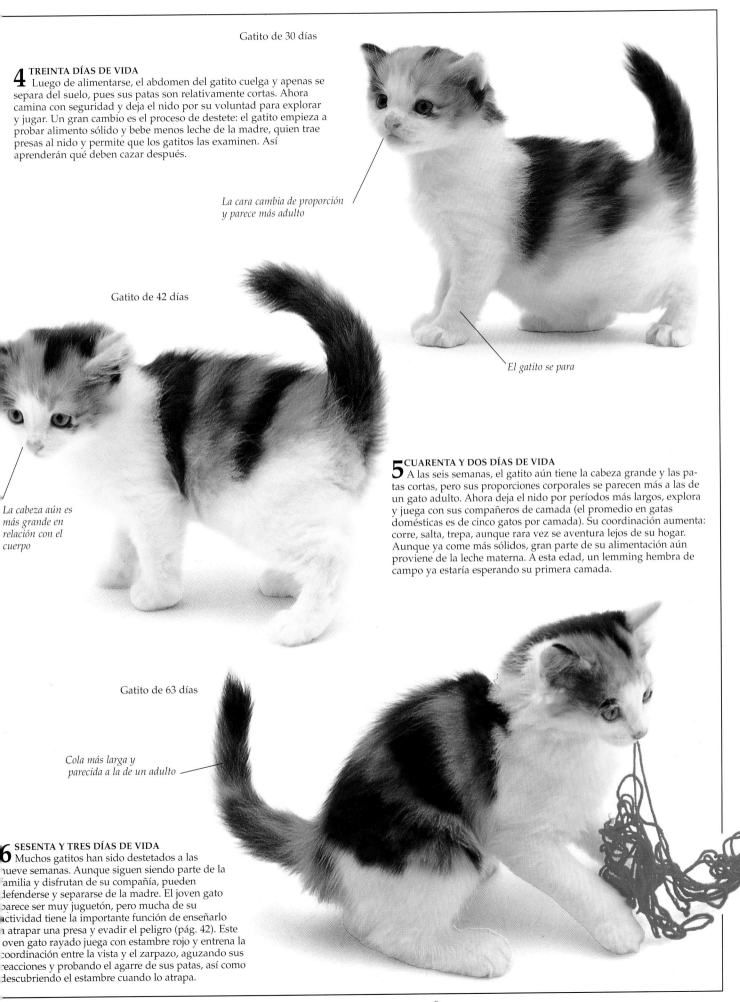

El gatito se para

Gatito de 42 días

La cabeza aún es más grande en relación con el cuerpo

5 CUARENTA Y DOS DÍAS DE VIDA
A las seis semanas, el gatito aún tiene la cabeza grande y las patas cortas, pero sus proporciones corporales se parecen más a las de un gato adulto. Ahora deja el nido por períodos más largos, explora y juega con sus compañeros de camada (el promedio en gatas domésticas es de cinco gatos por camada). Su coordinación aumenta: corre, salta, trepa, aunque rara vez se aventura lejos de su hogar. Aunque ya come más sólidos, gran parte de su alimentación aún proviene de la leche materna. A esta edad, un lemming hembra de campo ya estaría esperando su primera camada.

Gatito de 63 días

Cola más larga y parecida a la de un adulto

6 SESENTA Y TRES DÍAS DE VIDA
Muchos gatitos han sido destetados a las nueve semanas. Aunque siguen siendo parte de la familia y disfrutan de su compañía, pueden defenderse y separarse de la madre. El joven gato parece ser muy juguetón, pero mucha de su actividad tiene la importante función de enseñarlo a atrapar una presa y evadir el peligro (pág. 42). Este joven gato rayado juega con estambre rojo y entrena la coordinación entre la vista y el zarpazo, aguzando sus reacciones y probando el agarre de sus patas, así como descubriendo el estambre cuando lo atrapa.

El juego de la vida

Es DIFÍCIL IMAGINAR a una hormiga o a una sanguijuela jugando. Lo que nosotros llamamos juego parece pertenecer solo a los mamíferos, con sus sentidos bien desarrollados y la habilidad de aprender y ser inteligentes. El juego ocurre principalmente en los jóvenes mamíferos. Es una conducta trivial sin un fin determinado, como ocurre con un adulto, al alimentarse o establecer un territorio, por ejemplo. Los jóvenes chimpancés se persiguen, las crías del tejón ruedan y juguetean fuera de su madriguera; incluso los bebés ornitorrincos se menean, chillando y gruñendo como perritos. No son pocas las teorías acerca del porqué del juego. A nivel individual, ayuda desarrollar músculos fuertes y coordinación. Ayuda a un carnívoro en las técnicas de cacería o a un herbívoro en la detección y huida de un peligro. Y a nivel social, da una base de comunicación en el uso de sonidos, posturas y transmisión de mensajes, como dominio y sumisión que coordinan al grupo. ¿Juegan también los humanos adultos? Posiblemente, pero usamos otras palabras. A veces consideramos el deporte y los pasatiempos "juego".

El bebé orangután puede estar aprendiendo a manipular este objeto como si fuera una fruta

Probando la resistencia de la tela

EL CHIMPANCÉ Y LA TELA

A este chimpancé macho de dos años se le permitió jugar con un pedazo de tela. Ya ha visto telas antes, pero esta pieza merece un poco más de su atención para apreciar su color y conocer su textura y resistencia (i.) y, como siempre, para probar la mínima posibilidad de que sea bueno para comer. Después sigue una serie de acciones para ponerse la tela. El chimpancé observa a sus compañeros humanos mientras hace esto. Cuando logra una respuesta de ellos, usualmente una risa por la tela convertida en "bufanda" o "sombrero" (ar.) o en velo (d.), se siente motivado y experimenta más. Luego dirige su atención a los detalles y empieza a deshilachar la tela (ab.). Muchos aspectos de su comportamiento futuro se ven aquí, desde la fuerza en el músculo del brazo para construir una "cama " de hojas cada noche, hasta la fina destreza en los dedos que se requiere para acicalarse (pág. 44) o para comer alimentos pequeños (pág. 49).

Concentrado en deshilachar

La tela como sombrero

NO HAY TERMITAS AQUÍ
En hábitat natural, el chimpancé come frutas y hojas, y también termitas y hormigas de los agujeros, usando varas como herramientas (pág. 49). Examinar agujeros es común y ocurre en situaciones que podemos considerar extrañas. Hallar jugosas termitas en uno de estos juguetes de construcción no es probable, pero con el chimpancé,
nunca se sabe…

LA HORA DEL JUGUETE
Estamos tan habituados a ver a los bebés humanos jugar con piezas hechas para tal fin, que perdemos la noción del origen evolutivo del juego. Para algunas personas de regiones menos industrializadas, varas, piedras y hojas son un juguete natural ideal.

Ahora la tela es un velo

El ejercicio mejora la fuerza y la coordinación para la vida en los árboles

41

… continúa

LOS MAMÍFEROS HERBÍVOROS tal vez tengan que viajar para localizar alimento, pero una vez que lo encuentren, será fácil obtenerlo. Para el carnívoro (que come carne) hallar comida es más riesgoso e implica esfuerzo, acechar o rastrear a la presa. Si se trata de matar, corre el riesgo de que la víctima lo lesione al defenderse (pág. 26). Si la presa escapa, desperdició tiempo y energía; así que no sorprende que el juego de los jóvenes carnívoros, como gatos y perros, parezca un espejo de muchas características de la vida de los cazadores adultos. Para evitar malos entendidos y lesiones accidentales, es importante que el deseo animal de jugar transmita este hecho a sus compañeros, o podrían tomar los actos como agresiones. Un cachorro puede "arquearse", al doblarse contra su pecho y subir patas y caderas, moviendo la cola e inclinando las orejas, en una postura que dice: "¡Vamos a jugar!". Los niños tienen una risita que los lleva al mundo de la fantasía.

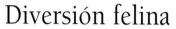

Delfines juguetones: estos mamíferos marinos sociables parecen seguir a los barcos por "diversión"

Diversión felina

Muchos actos de los gatitos juguetones pueden interpretarse como las técnicas de caza de un gato adulto. Los gatitos juegan solos, o en grupo, probándose a sí mismos, ya sea como cazador o presa.

APLASTAR
Los golpes requieren una buena coordinación ojo-garra, si se dirigen a un blanco móvil. Esta acción ocurre cuando un gato cazador da un zarpazo a un pájaro que vuela bajo, o golpea a un ratón que ha saltado.

MOLESTAR
Hasta los gatos adultos "juegan" con pequeños animales antes de matarlos. Los chillidos de una musaraña cautiva o los aletazos de un pájaro atrapado parecen entretenerlos, pero el significado de esta conducta no queda claro.

EXCAVAR
El gatito trata de poner su garra, con los cojinetes arriba, bajo la pelota para voltearla. La pelota no se voltea y esto lo intriga. El gato adulto saca presas pequeñas, incluso un pez, con este movimiento.

SALTAR
El "salto del ratón" es una acción felina característica. Otros cazadores, como los zorros, lo usan. El objetivo es caer de pronto y en silencio en el lomo de la víctima, lejos de los dientes y las garras, y después, antes de que oponga resistencia, encajar los dientes en su cuello. En este caso, la cola de la madre actúa como ratón

Quién manda aquí?

os Cánidos –lobos, chacales, dingos y
erros domésticos– son animales de
nanada. Los cachorros juegan juntos para
esarrollar señales que usarán de
dultos para mantener la jerar-
uía y la organización de la
nanada.

EL MEJOR AMIGO DEL HOMBRE
Muchos perros se comportan ante sus dueños como lo
harían ante el miembro dominante de la manada.

MOMENTO DE PROBAR LOS DIENTES
El cachorro marrón, al jugar solo, muerde y masca el aro
como si fuera un hueso, probando los dientes y
fortaleciendo los músculos de la mandíbula.

FORCEJEO ENTRE DOS
El cachorro blanco con negro aparece y quiere unirse al juego. Ambos se aferran al aro y tiran con fuerza. Este tipo de
acciones se ve en muchos cazadores de la manada, cuando cooperan para someter a una presa grande, como un ciervo.
También puede ocurrir cuando dos animales se disputan una parte de la presa.

MORDEDURA DE COLA
El forcejeo continúa hasta que el cachorro marrón obtiene el
aro, pero al tenerlo, pronto se cansa de él y en su lugar muerde
la cola de su hermano. Siguen jugando, pero la mordida fue
fuerte y no se puede ignorar.

¡YO SOY EL JEFE!
Los cachorros retozan, mordiendo y gruñendo en una pelea lúdica. De pronto, el
cachorro blanco y negro muerde con
demasiada fuerza. El cachorro marrón se
molesta y el juego se vuelve una lucha de
poder. Arrugan el hocico, enseñan los
dientes y se miran fijamente. El cachorro
marrón es más fuerte y se coloca arriba
para mostrar quién es el jefe. El cachorro
blanco y negro rueda en su lomo en señal
de sumisión ante su hermano.

La limpieza es primero

La CUBIERTA PELUDA DE LOS MAMÍFEROS mantiene al animal caliente y seco, pero atrapa la suciedad y es un paraíso para los parásitos que se alimentan de piel muerta o de la nutritiva sangre que fluye debajo. Lamer, rascarse, peinarse, agitarse, revolcarse, bañarse, frotarse, espulgarse y mordisquearse son algunas técnicas que los mamíferos usan para mantenerse limpios. Minimizan los riesgos de enfermedad y aseguran que las heridas se mantengan limpias hasta que sanen. Muchos animales se limpian solos, pero el "acicalamiento social", donde un individuo limpia a otro de la misma especie, es común entre mamíferos. Esto cumple distintas funciones: limpieza (el que ayud alcanza lugares difíciles como cuello y espalda organización social (los que dominan puede exigir a los de rango menor que los acicalen); la propagación e identificación del olor colectiv para expulsa a los intruso

RÁSCAME LA ESPALDA
El acicalamiento social en los babuinos no sólo los mantiene limpios, también les da una posición en la jerarquía del grupo.

UNA MADRE ATENTA
Un joven mamífero no puede limpiarse a sí mismo, en especial un bebé roedor, que nace desnudo (pág. 32). Esta madre hámster lame a su cría para limpiarla. Su pelaje debe mantenerse limpio y seco; si se moja, se aplasta y no conserva el calor del cuerpo, lo cual puede provocarle un enfriamiento rápido con riesgo de hipotermia.

El cuello y la parte superio de la cabeza s limpian con las garras delanteras

Las garras llegan a lugares difíciles

NADA D "RATA SUCIA
Un animal "sucio" com la rata pasa mucho tiemp acicalándose. Las rata domésticas son excepcionalmen limpias y excelente mascotas. Usa dientes y garras para cepillar su pelaje quitarse piojos y piel muerta. Las ratas salvajes carga parásitos, especialmente pulgas. Entre 1346 y 1349, la pulgas de las ratas esparcieron la bacteria que causó l peste bubónica (la Peste Negra), la cual diezmó a l mitad de la población de Europa

Los dientes "peinan" el pelaje

La rata busca un sitio tranquilo en donde acicalarse a buen resguardo de los depredadores. Gira el cuerpo hacia el lomo y costados para espulgarse con los dientes y peinarse.

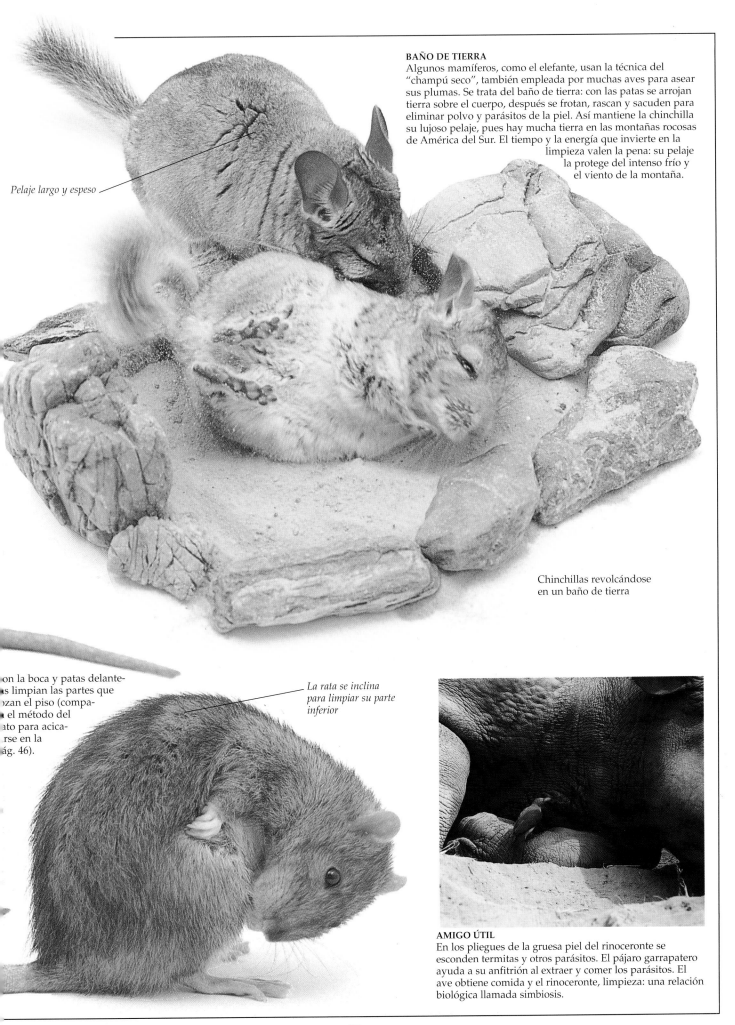

BAÑO DE TIERRA

Algunos mamíferos, como el elefante, usan la técnica del "champú seco", también empleada por muchas aves para asear sus plumas. Se trata del baño de tierra: con las patas se arrojan tierra sobre el cuerpo, después se frotan, rascan y sacuden para eliminar polvo y parásitos de la piel. Así mantiene la chinchilla su lujoso pelaje, pues hay mucha tierra en las montañas rocosas de América del Sur. El tiempo y la energía que invierte en la limpieza valen la pena: su pelaje la protege del intenso frío y el viento de la montaña.

Pelaje largo y espeso

Chinchillas revolcándose
en un baño de tierra

on la boca y patas delante-
s limpian las partes que
ozan el piso (compa-
 el método del
ato para acica-
rse en la
ág. 46).

*La rata se inclina
para limpiar su parte
inferior*

AMIGO ÚTIL

En los pliegues de la gruesa piel del rinoceronte se esconden termitas y otros parásitos. El pájaro garrapatero ayuda a su anfitrión al extraer y comer los parásitos. El ave obtiene comida y el rinoceronte, limpieza: una relación biológica llamada simbiosis.

El baño del gato

Muchos se preguntan por qué el gato doméstico se asea tanto. En parte se debe a que no necesita cazar, pues lo alimentan. Los gatos se acicalan cuando no tienen algo mejor que hacer. También se limpian como una "actividad de desplazamiento". Un gato que ha saltado y perdido a un pájaro puede sentarse y lavarse, esperando a que pase la desagradable situación.

DOS CABALLOS SON MEJOR QUE UNO

Acicalarse mutuamente ayuda a los caballos a quitarse piojos y garrapatas de sitios inaccesibles, como la cruz (punta del hombro) y el extremo superior de la cola. Un caballo se rasca y frota en un poste, pero un ayudante mejora la eficiencia. Un caballo que se acerca a otro con la boca entreabierta indica una sesión de limpieza. Ambos se colocan cuello con cuello o cabeza con cola y se mordisquean entre sí de 5 a 10 minutos. En manada, tienen amigos especiales de limpieza.

Columna flexible que permite doblarse al frente

Pierna estirada para equilibrarse

VUELTA EN

El cuerpo flexible y ágil del gat⬛ permite que su hocico alcance ca⬛ todas sus partes. Acostarse es m⬛ cómodo que balancearse en tr⬛ piernas mientras se lava la cuart⬛ Las patas son importantes, pues ⬛ se hieren o infectan, disminuy⬛ su movilidad y, con ello (e⬛ su hábitat natural), s⬛ habilidad de consegu⬛ comida. Los cojinete⬛ están libres de polvo ⬛ revisa que sus patas n⬛ tengan restos de presa⬛

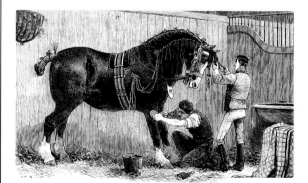

BRILLO DE PASARELA

Los caballos se quitan los parásitos y el cabello muerto, pero para un espectáculo ecuestre, los humanos dejan a su caballo rechinando de limpio para que opaque al contrincante. Quizá los caballos se juzguen a sí mismos con otros parámetros.

Con la pata delantera humedecida con saliva se limpia detrás de las orejas

FROTAR EL ROSTRO

Muchos mamíferos, incluso los humanos, "se lamen los labios" después de comer para limpiar restos de comida de la boca. La lengua no alcanza el resto de la cara, llevando saliva que humecte y elimine el polvo. Así que el gato unta saliva en su pata delantera, y talla y frota la pata en su cuello, oreja, ojo y bigotes para limpiarlos.

LAMER LA PATA

Una persona que haya sido lamida por un gato, recuerda la lengua áspera, como lija, con sus "espinitas" (papilas). La lengua humana las tiene, pero son menos rígidas y más suaves. La lengua "peina" el pelaje, mientras que los dientecitos incisivos del gato funcionan como pinzas que desprenden y entresacan pelo roto o flojo, piel muerta, polvo y parásitos. Conforme avanza su limpieza, el gato está más feliz y relajado. Por lo general, limpia sus patas al final de la sesión, ya que las ha usado para limpiar otras áreas, como la cara.

El gato se estira y se pone feliz

La lengua rasposa "peina" el pelaje

Pelaje húmedo por el aseo

...a trasera elevada ...etrás de la cabeza

EL RESULTADO FINAL

Un gato limpio. El pelaje, aún húmedo de saliva, pronto se seca y se esponja. Acicalarse ayuda a esparcir por piel y pelo secreciones cerosas y aceitosas que forman una barrera un tanto impermeable que repele los gérmenes. El uso frecuente de champú elimina estas secreciones naturales del cabello humano. Los mamíferos deben ser limpios, ¡pero no demasiado!

PUERTA TRASERA

Ésta es una de las poses más características de un gato que se asea, con una pata elevada para tener acceso a las zonas abdominal y anal. Así elimina cualquier resto de heces y humedad de la orina.

¿Qué hacer con la comida?

Comida en tres rondas: los ratones pueden acabar con crema, tubérculos y vela en sus viajes nocturnos a la cocina

Un animal grande y de sangre fría, como la serpiente, puede pasar semanas sin comer; pero un mamífero, por ser activo y de "sangre caliente", necesita mucha energía para seguir adelante. La energía, igual que la materia prima para crecer, reproducirse y mantener el cuerpo, viene de la comida. Alimentarse es por lo tanto esencial para la vida. En la sociedad moderna, los humanos pasan relativamente poco tiempo buscando comida. Aunque ir al supermercado parezca una actividad larga y tediosa, hemos perdido noción de cómo la mayoría de los animales salvajes basa su rutina diaria en encontrar comida suficiente. Una de las razones del alto requerimiento energético de los mamíferos es la habilidad de estar activos en condiciones frías, cuando los de "sangre fría" están helados y se vuelven lentos. El mamífero, entre más pequeño, tiene que comer más, porque su cuerpo pequeño tiene en proporción más superficie que uno grande, así que pierde calor más rápidamente. En climas más templados, los animales más pequeños sólo tienen tiempo para alimentarse. Las musarañas hacen poco más que comer con frenesí: descansan, digieren y vuelven a alimentarse. Comen su propio peso en comida todos los días, y pueden morir de hambre en sólo tres horas. Del otro lado de la escala carnívora, el león necesita sólo el equivalente a 1/40 de su peso en comida cada día. Boca y dientes son la prueba del tipo de comida que consume (pág. 50); las patas también dan pistas (pág. 58).

UNA LENGUA EN LA COPA DEL ÁRBOL
La larga lengua negra de la jirafa se estira y añade 1 pie (30 cm) o más al más alto de los mamíferos terrestres. Una jirafa macho alcanza la vegetación a más de 20 pies (5.5 m) de altura. La lengua sujeta hojas y ramas y las jala hacia sí. Los dientes caninos tienen dos surcos profundos que separan las hojas de las ramas.

DE LA MANO A LA BOCA
Una ardilla listada que usa sus garras como manos para coger comida es una escena común en el este de EE. UU. Estos miembros de la familia de las ardillas frecuentan lugares de picnic y parques, en busca de sobras que comer. La ardilla manipula la comida con gran eficiencia, girándola con rapidez y mordisqueándola para hallar el punto suave donde pueda partir las nueces. Como muchos otros roedores, acarrea comida en las bolsas de sus mejillas hacia su madriguera (pág. 52).

Ardilla lista comiendo nue[...]

Las patas delantera[s] hacen girar la comi[da]

POR QUÉ MUCHOS GRANOS COMEN

Además del hombre, el ratón es tal vez el mayor granívoro (que come granos) del mundo. Aun en su hábitat natural, la variada dieta de este pequeño roedor incluye semillas, frutas, hojas, tallos y otras partes de plantas, e incluso insectos y otras criaturitas. En el hábitat humano es aún menos melindroso. Come pan, papel, mantequilla, hilo, jabón, cera para velas (ver enfrente) y otras sustancias cerosas o grasosas, además del famoso queso, usado como cebo en las ratoneras. Se sabe de ratones que han invadido las carnicerías y probado comida congelada. Con sus largos y afilados incisivos, típicos de los roedores (pág. 50), muerde y roe la comida; generalmente sostiene objetos pequeños con las patas delanteras. Sus incisivos inferiores dejan dos muescas características.

Las patas delanteras sostienen las semillas

Ratones caseros comiendo granos

Hacia un depósito secreto… (pág. 52)

Sentado en las patas traseras; con las delanteras sujeta comida

El ratón se mantiene alerta, incluso cuando come

PATAS PARA TODA OCASIÓN

El oso malayo de sol, como muchos de sus parientes (pág. 50), come de todo (es omnívoro). Es el oso más pequeño, y su ligero peso y garras grandes y curvas (como las de otras especies) le permiten escalar bien, e incluso ensartar fruta madura de los árboles. También desprende corteza de los árboles con sus garras para descubrir larvas y nidos de termitas y abejas.

LA MEJOR HERRAMIENTA

El cerebro del chimpancé entra en acción cuando los músculos fallan. Si halla termitas en un nido resistente, nuestro pariente más cercano introduce una vara en el agujero. Las termitas la agarran, y el chimpancé atrapa y lame un delicioso banquete. Pocos mamíferos y algunas aves usan herramientas para estos fines.

PESCADO PARA LA CENA

La nutria rara vez come a su presa en el agua; la saca a la orilla y, con sus patas delanteras, la sujeta mientras desprende la carne con sus filosos dientes en forma de lanzas (pág. 50). La nutria come mamíferos pequeños, aves y ranas.

Prensar y triturar

Los MAMÍFEROS, de sangre caliente y activos, necesitan consumir mucho alimento que los provea de suficiente energía para vivir. Las mandíbulas y los dientes son esenciales para comer: sujetan la comida, la cortan en trozos y la muelen antes de ingerirla. La estructura de los dientes consiste de un interior suave con nervios y vasos sanguíneos cubiertos por dentina dura y esmalte. A partir de este sencillo diente, desarrollaron cuchillos segadores, perforadores, podadores, prensadores, tenedores, trituradores y otras formas de dientes. Los dientes son importantes para estudiar la evolución, ya que a menudo se encuentran como fósiles, y permiten comparar especies extintas con vivas (págs. 12-15).

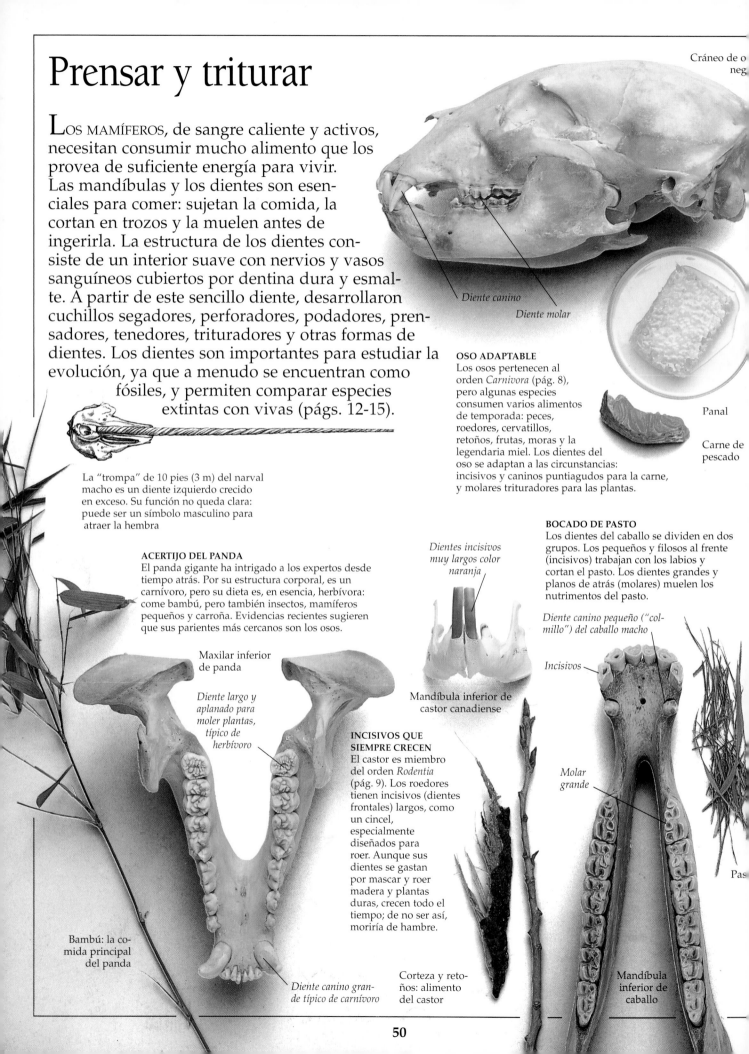

Cráneo de o[...]
neg[...]

Diente canino

Diente molar

La "trompa" de 10 pies (3 m) del narval macho es un diente izquierdo crecido en exceso. Su función no queda clara: puede ser un símbolo masculino para atraer la hembra

OSO ADAPTABLE
Los osos pertenecen al orden *Carnivora* (pág. 8), pero algunas especies consumen varios alimentos de temporada: peces, roedores, cervatillos, retoños, frutas, moras y la legendaria miel. Los dientes del oso se adaptan a las circunstancias: incisivos y caninos puntiagudos para la carne, y molares trituradores para las plantas.

Panal

Carne de pescado

ACERTIJO DEL PANDA
El panda gigante ha intrigado a los expertos desde tiempo atrás. Por su estructura corporal, es un carnívoro, pero su dieta es, en esencia, herbívora: come bambú, pero también insectos, mamíferos pequeños y carroña. Evidencias recientes sugieren que sus parientes más cercanos son los osos.

Maxilar inferior de panda

Diente largo y aplanado para moler plantas, típico de herbívoro

Dientes incisivos muy largos color naranja

Mandíbula inferior de castor canadiense

BOCADO DE PASTO
Los dientes del caballo se dividen en dos grupos. Los pequeños y filosos al frente (incisivos) trabajan con los labios y cortan el pasto. Los dientes grandes y planos de atrás (molares) muelen los nutrimentos del pasto.

Diente canino pequeño ("colmillo") del caballo macho

Incisivos

INCISIVOS QUE SIEMPRE CRECEN
El castor es miembro del orden *Rodentia* (pág. 9). Los roedores tienen incisivos (dientes frontales) largos, como un cincel, especialmente diseñados para roer. Aunque sus dientes se gastan por mascar y roer madera y plantas duras, crecen todo el tiempo; de no ser así, moriría de hambre.

Molar grande

Bambú: la comida principal del panda

Diente canino grande típico de carnívoro

Corteza y retoños: alimento del castor

Mandíbula inferior de caballo

Pas[...]

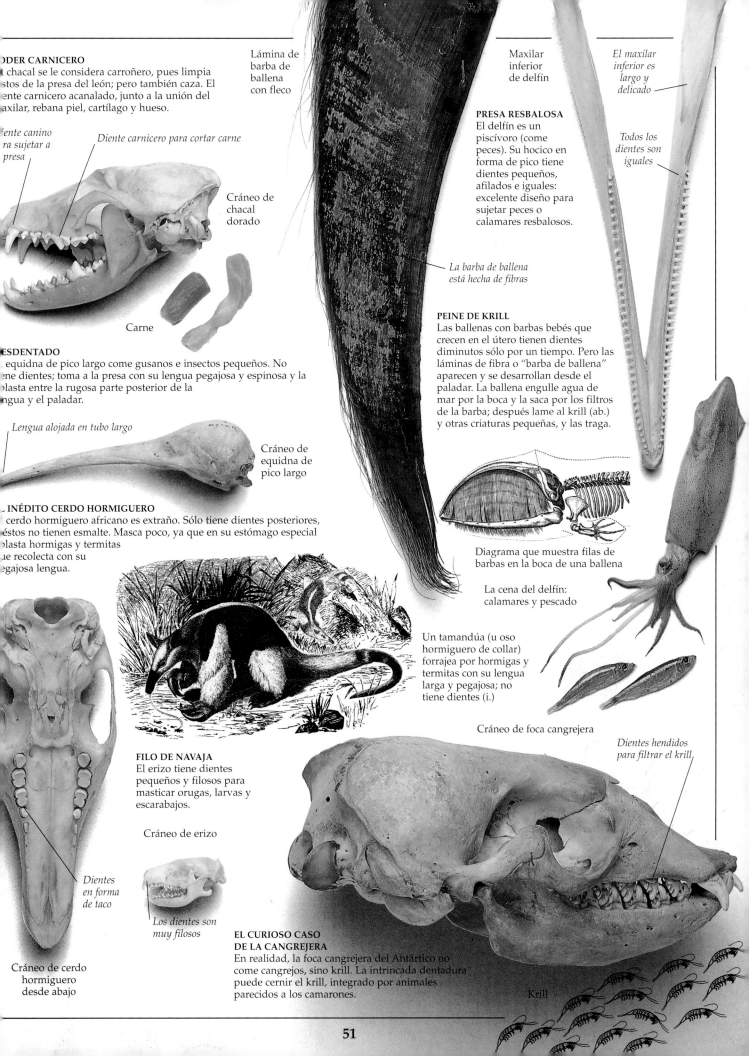

PODER CARNICERO
Al chacal se le considera carroñero, pues limpia restos de la presa del león; pero también caza. El diente carnicero acanalado, junto a la unión del maxilar, rebana piel, cartílago y hueso.

Diente canino para sujetar a la presa

Diente carnicero para cortar carne

Cráneo de chacal dorado

Carne

DESDENTADO
La equidna de pico largo come gusanos e insectos pequeños. No tiene dientes; toma a la presa con su lengua pegajosa y espinosa y la aplasta entre la rugosa parte posterior de la lengua y el paladar.

Lengua alojada en tubo largo

Cráneo de equidna de pico largo

EL INÉDITO CERDO HORMIGUERO
El cerdo hormiguero africano es extraño. Sólo tiene dientes posteriores, y éstos no tienen esmalte. Masca poco, ya que en su estómago especial aplasta hormigas y termitas que recolecta con su pegajosa lengua.

FILO DE NAVAJA
El erizo tiene dientes pequeños y filosos para masticar orugas, larvas y escarabajos.

Cráneo de erizo

Dientes en forma de taco

Los dientes son muy filosos

Cráneo de cerdo hormiguero desde abajo

EL CURIOSO CASO DE LA CANGREJERA
En realidad, la foca cangrejera del Antártico no come cangrejos, sino krill. La intrincada dentadura puede cernir el krill, integrado por animales parecidos a los camarones.

Lámina de barba de ballena con fleco

La barba de ballena está hecha de fibras

PEINE DE KRILL
Las ballenas con barbas bebés que crecen en el útero tienen dientes diminutos sólo por un tiempo. Pero las láminas de fibra o "barba de ballena" aparecen y se desarrollan desde el paladar. La ballena engulle agua de mar por la boca y la saca por los filtros de la barba; después lame al krill (ab.) y otras criaturas pequeñas, y las traga.

Diagrama que muestra filas de barbas en la boca de una ballena

La cena del delfín: calamares y pescado

Un tamandúa (u oso hormiguero de collar) forrajea por hormigas y termitas con su lengua larga y pegajosa; no tiene dientes (i.)

Maxilar inferior de delfín

El maxilar inferior es largo y delicado

PRESA RESBALOSA
El delfín es un piscívoro (come peces). Su hocico en forma de pico tiene dientes pequeños, afilados e iguales: excelente diseño para sujetar peces o calamares resbalosos.

Todos los dientes son iguales

Cráneo de foca cangrejera

Dientes hendidos para filtrar el krill

Krill

Almacenamiento de comida

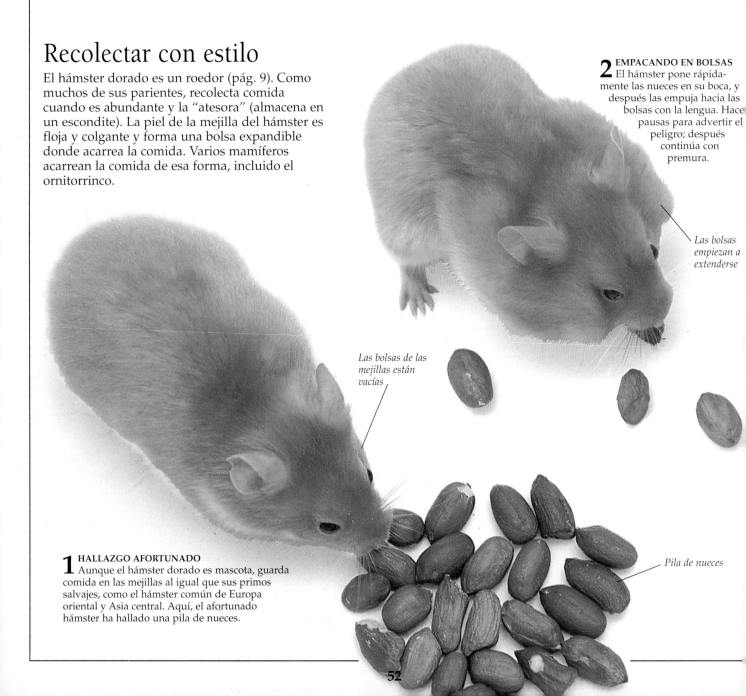

POCOS HÁBITATS EN EL MUNDO proveen de comida todo el año. Nuestros ancestros lo sabían y comprendieron la necesidad de construir almacenes. Planear siembra y cosecha, condujo a la agricultura, hace casi 10,000 años. Sin embargo, por millones de años, otros mamíferos quizá hayan almacenado comida en épocas de abundancia para comerla en tiempos difíciles. Las semillas son favoritas. En una semilla, la planta madre ha provisto un rico almacenamiento de nutrimentos de los que la planta embrión dependerá cuando germine. La semilla es un nutritivo alimento empacado. Los animales que almacenan semillas, ayudan a la planta: si enterraron semillas pero se olvidaron de ellas, ayudaron a la planta a reproducirse. La carne es un problema mayor, pues se pudre, pero si se entierra, aún es atractiva para mamíferos como el zorro. Por su legendaria "astucia", éste no almacena sus reservas en un solo lugar, sino en varios; si otro animal descubre alguno, no lo pierde todo.

Recolectar con estilo

El hámster dorado es un roedor (pág. 9). Como muchos de sus parientes, recolecta comida cuando es abundante y la "atesora" (almacena en un escondite). La piel de la mejilla del hámster es floja y colgante y forma una bolsa expandible donde acarrea la comida. Varios mamíferos acarrean la comida de esa forma, incluido el ornitorrinco.

2 EMPACANDO EN BOLSAS
El hámster pone rápidamente las nueces en su boca, y después las empuja hacia las bolsas con la lengua. Hace pausas para advertir el peligro; después continúa con premura.

Las bolsas empiezan a extenderse

Las bolsas de las mejillas están vacías

1 HALLAZGO AFORTUNADO
Aunque el hámster dorado es mascota, guarda comida en las mejillas al igual que sus primos salvajes, como el hámster común de Europa oriental y Asia central. Aquí, el afortunado hámster ha hallado una pila de nueces.

Pila de nueces

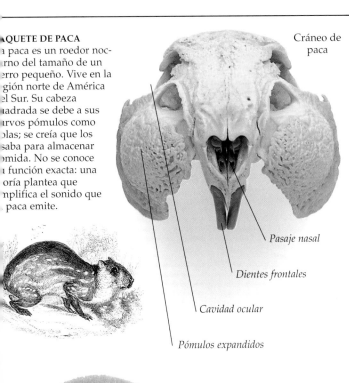

...QUETE DE PACA

...a paca es un roedor noc-
...rno del tamaño de un
...rro pequeño. Vive en la
...gión norte de América
...l Sur. Su cabeza
...adrada se debe a sus
...rvos pómulos como
...las; se creía que los
...saba para almacenar
...mida. No se conoce
...función exacta: una
...ría plantea que
...plifica el sonido que
...paca emite.

Cráneo de
paca

Pasaje nasal

Dientes frontales

Cavidad ocular

Pómulos expandidos

Comida para el futuro

Los mamíferos usan métodos muy variados para
almacenar energía y los nutrimentos del alimento. Los
métodos han evolucionado en respuesta a la
disponibilidad de la comida en el hábitat.

COMIDA EN UN ÁRBOL
El zorro rojo entierra comida extra y
regresa después, pero no siempre
tiene éxito: otra criatura puede
encontrarla o quizá el zorro olvide
en dónde la puso.

COMIDA DE ALTURA *(ar.)*
El leopardo tiene éxito en pocas
cacerías. No puede comer de un
bocado una presa tan grande como
un impala, y guarda restos en un
árbol, lejos de rivales hambrientos
como la hiena.

**CALOR Y ENERGÍA
EN EL INVIERNO** *(d.)*
El lirón se alimenta ávidamente de
frutas de otoño y almacena grasa
bajo la piel. Esto provee energía
para la hibernación a mitad de año.

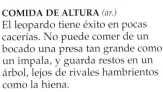

*Las bolsas ahora
están llenas*

3 BOLSAS DE COMPRAS REPLETAS
Un comprador humano camina a casa de
regreso del mercado con una pesada bolsa en cada
mano, en cambio, el hámster rellena las bolsas de
sus mejillas, colmándolas de nueces. Es hora de irse
del área de alimento, que está expuesta y es
peligrosa para un roedor relativamente indefenso.

4 DE LA BOLSA A LA MADRIGUERA
Ya en la seguridad de su madriguera, el
hámster "desempaca" sus bolsas. Usa las patas
delanteras como manos para empujar y
"masajear" la comida fuera de la bolsa y dentro de
la despensa subterránea. En su hábitat natural, un
solo hámster recolecta más de 132 libras (60 kg) de
nueces u otro tipo de comida (equivalente al peso
de un humano adulto).

*El hámster usa sus
patas para sacar las
nueces de las bolsas*

El hogar en un nido

Nido del ratón de cosecha construido sobre varas de cereal

HAY DIFERENTES TIPOS DE NIDOS en el mundo animal. Conocemos los nidos de las aves y sabemos que las termitas son de lo más laboriosos al construir. Pero también gran variedad de mamíferos hacen llamativos nidos al aire libre, igual que muchas especies anidan en madrigueras (pág. 56), como la ardilla europea, la rata de cola peluda de América del Norte, la rata de Karoo de África y los bandicuts en Australia. Uno de los más extraordinarios mamíferos constructores de nidos es la rata de nido, de Australia, del tamaño de un conejo. Este extraño roedor construye una fuerte pila de varitas y hasta piedras entrelazadas, de 3 pies (1 m) de alto y 6 pies (2 m) de largo. Vive en las tierras rocosas del sur, donde excavar es difícil y el nido probablemente la proteja de los depredadores. Por desgracia, sólo prevalece una colonia en una isla de la costa sur. Parece ser que era cazada por aborígenes y por europeos.

ARDILLA GRIS EN SU MADRIGUERA
Un paseo invernal por los bosques europeos de árboles sin follaje, deja ver bultos de ramas del tamaño de pelotas de fútbol en las horquillas de los árboles. Son madrigueras de ardillas grises. Algunas pueden estar vacías; otras son endebles madrigueras de verano. Pero en otras puede haber un ocupante, como éste, que no esté hibernando, sino durmiendo. Las ardillas son activas (más a mediodía), pero en invierno sólo sobreviven unos días sin comida. Pasan la noche y el mal tiempo en su madriguera invernal hecha de varitas y palitos, algunos aún con hojas, revestida con corteza, pasto y materiales que recoge el dueño. Esta madriguera mide unas 18 pulg (45 cm) de diámetro con una "habitación" de 1 pie (30 cm) de largo. Las ardillas bebés nacen en primavera, en una madriguera guardería especial.

Materiales para la madriguera

Lana de oveja

Plumas

Pasto seco

Helecho

Semillas

Pasto

Hojas muertas

Nueces

Varitas

Hojas frescas

Corteza

Con paja en la boca, el jerbo corre al nido

DESMENUZANDO LA CAMA
En su hábitat natural, el jerbo, un pequeño roedor habitante del desierto, cava madrigueras lejos del calor y el terreno reseco, y lo forra con plantas desmenuzadas. En cautiverio, los resultados del instinto de cavar se pueden evitar con una jaula. El forro tiene más éxito: aquí el animal colecta material apropiado.

DÍA UNO
"Pasto en bruto" que se proporcionó a dos jerbos antes de su despertar en la tarde.

DÍA DOS
Una noche de trabajo con los dientes produce parte de un nido.

DÍA TRES
Desmenuza más y el nido se "esponja" y toma forma.

¿QUÉ HAY EN UNA MADRIGUERA?
La ardilla gris suele tomar cualquier material adecuado para su madriguera. En donde hay más desechos humanos, se sabe que ha incorporado bolsas de plástico, pajillas y periódicos en la construcción de su madriguera.

Madriguera de ardilla gris a la mitad para mostrar su interior

Madriguera de invierno muy bien construida, a diferencia de la endeble madriguera de verano

Pared interior cómoda

Capa exterior de varitas y hojas

La ardilla tuerce los materiales para formar la madriguera

Madriguera hecha en la horquilla de un árbol

55

Vida subterránea

PRADERAS, PAMPAS, SABANAS, ESTEPAS y otros pastizales son los mejores sitios para hallar madrigueras de mamíferos. Ya que hay pocos árboles y poca protección, los principales refugios son subterráneos. Perros de la pradera de América del Norte, ardillas de Perote, vizcachas y maras de América del Sur, ratas de abazones, ratas topo africanas y jerbos asiáticos hacen túneles en pastizales. Obtienen seguridad y un lugar para construir un nido, reposar, procrear y cubrirse del sol y del frío viento. Pero la mayoría debe salir, pues son principalmente herbívoros, y no crecen plantas bajo tierra. Los de dieta más especializada, como la rata topo ciega, roen raíces, bulbos, tubérculos y otras partes subterráneas de la planta; pueden permanecer bajo la superficie. También están los que comen insectos, como los topos.

BAJO EL MONTÍCULO DEL TOPO
El campeón de los mamíferos de madriguera es el topo europeo, que se reproduce, duerme y come b tierra. Algunos montículos de tierra fresca en un prado son la única señal de un sistema complejo d madrigueras y cámaras de 3 pies (1 m) o más por debajo y quizá de un largo de 300 pies (100 m). El tamaño de la madriguera depende de la riqueza d suelo. En pastizales con muchos gusanos de tierra insectos, un topo cava menos que en un suelo má pobre, rocoso o arenoso. Mucha de la comida proviene de "patrullas de topos", cuando el animal vaga en los túneles, manteniéndolos y comiendo criaturas que caen de las paredes.

LA ENTRADA DE LA ORILLA
El ornitorrinco se retira a su madriguera a la orilla del río luego de alimentarse. Las madrigueras de descanso están bajo las raíces de los árboles, y miden unos metros de largo. La madriguera de reproducción es más larga; la hembra preñada la bloquea con lodo para protegerla de las inundaciones y los intrusos y mantenerla caliente. Al final está el nido donde pone los huevos (pág. 31).

GUARIDA DE NIEVE
Las noches árticas son casi continuas en invierno y la osa polar cava su guarida en una galería de nieve. Casi un mes después, nacen sus cachorros, y ella los amamanta tres o más meses. Al llegar la primavera, la familia sale; los oseznos están bien alimentados y robustos, pero la madre está delgada y hambrienta, ávida por comer su primera foca luego de cuatro meses.

MADRIGUERA DEL TOPO

La fortaleza: no es una topera ordinaria, sino montículo más grande y permanente del do principal.

El nido: la hembra da a luz en primavera, pare os cuatro bebés rosados en un nido cubierto n pasto, hojas y materiales suaves.

La madre topo: para recolectar con qué recubrir nido, el topo hace un viaje riesgoso sobre la rra, usualmente de noche.

4 Camino cerca de la superficie: algunos túneles corren justo debajo de la superficie de la tierra.

5 ¿Amigo o enemigo? El topo europeo es una criatura solitaria. Si traspasa el túnel de otro es usualmente perseguido, excepto a principios de primavera, cuando puede ser una pareja potencial.

6 La despensa: el topo arranca la cabeza de los gusanos y las almacenan en un depósito subterráneo, sobre todo en otoño.

7 Túneles cruzados: en todos los ángulos

Madriguera del topo

¿Cuántos dedos?

Los PRIMEROS MAMÍFEROS tal vez caminaron en cuatro patas, y tenían cinco "dedos". Hoy hay muchas variaciones. El caballo camina de "puntas" con un dedo en cada pie. Mamíferos pequeños, como la musaraña, aún tienen cinco dedos. En general, un mamífero con miembros largos se mueve con rapidez; los de miembros cortos tienen fuerza y quizá habilidad para cavar. Gacelas y antílopes tienen miembros muy delgados para la velocidad; focas y murciélagos poseen superficies de miembros apoyadas por dedos que sirven para empujar agua y aire, respectivamente. Garras, uñas, pezuñas, almohadillas carnosas y otras estructuras rematan los dedos.

PLAN PENTADÁCTILO
Los miembros de los mamíferos terminan en cinco dedos, como nuestras manos y pies. Muchos roedores, primates y carnívoros conservan este diseño "pentadáctilo". Los mamíferos con pezuñas han perdido distintos dedos en diferentes grupos. Cada hueso, o grupo de huesos, en el miembro siempre se representa con el mismo color. (Los nombres entre paréntesis corresponden al equivalente en los huesos del pie y la pierna.)

DENTRO DE LA PEZUÑA
La pezuña de la cebra está hecha de un duro callo con un cojinete de grasa que amortigua (cojinete plantar) entre éste y los huesos de los dedos.

Clave para los colores de los huesos (según en la mano humana)

Huesos del antebrazo (tibia y peroné)

Huesos de la muñeca (tobillo)

Huesos de la palma (planta del pie)

Huesos de los dedos

Corte de la pezuña de la cebra

Hueso del dedo

Posición de la almohadilla plantar

Hueso del dedo del pie

Pezuña exterior hecha de callosidad

CAMINA CON UN SOLO DEDO
La evolución ha modificado el hueso delgado del miembro del caballo para dejarle sólo un dedo, el tercero (el dedo medio) o cordial (pág. 13). Éste está unido a un hueso canon grueso y largo que representa la fusión de los huesos de la palma. El diseño suprime los distintos dedos, sus músculos pesados y uniones. Esto combina ligereza con fuerza, en especial al final del miembro, dando velocidad al caballo.

Esqueleto del miembro delantero del poni de Shetland

Hueso del antebrazo

Huesos de las muñecas

CAMINAR CON DOS DEDOS
Las gacelas tienen pezuñas de un solo dedo (pág. 10); con sus delicadas patas corren a gran velocidad.

Huesos de la muñeca

Hueso del canon (palma)

Esqueleto del miembro delantero de la gacela de Soemmerring

Hueso del antebrazo

UN DEDO MENOS
El tapir tiene pezuñas de un solo dedo, como el caballo (pág. 10). Es extraño que sus patas delanteras tengan cuatro dedos, y las traseras, sólo tres. El cuarto dedo es más pequeño que los otros y no toca el suelo, sino cuando éste es muy suave.

Hueso de la palma

Huesos de los dedos

Esqueleto del miembro delantero del tapir brasileño

Hueso del antebrazo

Hueso de la muñeca

Hueso de la palma

Huesos de los dedos

ZAPATOS PARA LA ARENA
El camello, otro mamífero con pezuñas de un solo dedo, tiene almohadillas flexibles alargadas en las patas, que distribuyen su peso en la arena blanda del desierto.

PIES FLEXIBLES
Los sencillos pies del damán de las rocas tienen uñas aplanadas no pezuñas reales: cuatro al frente y tres atrás.

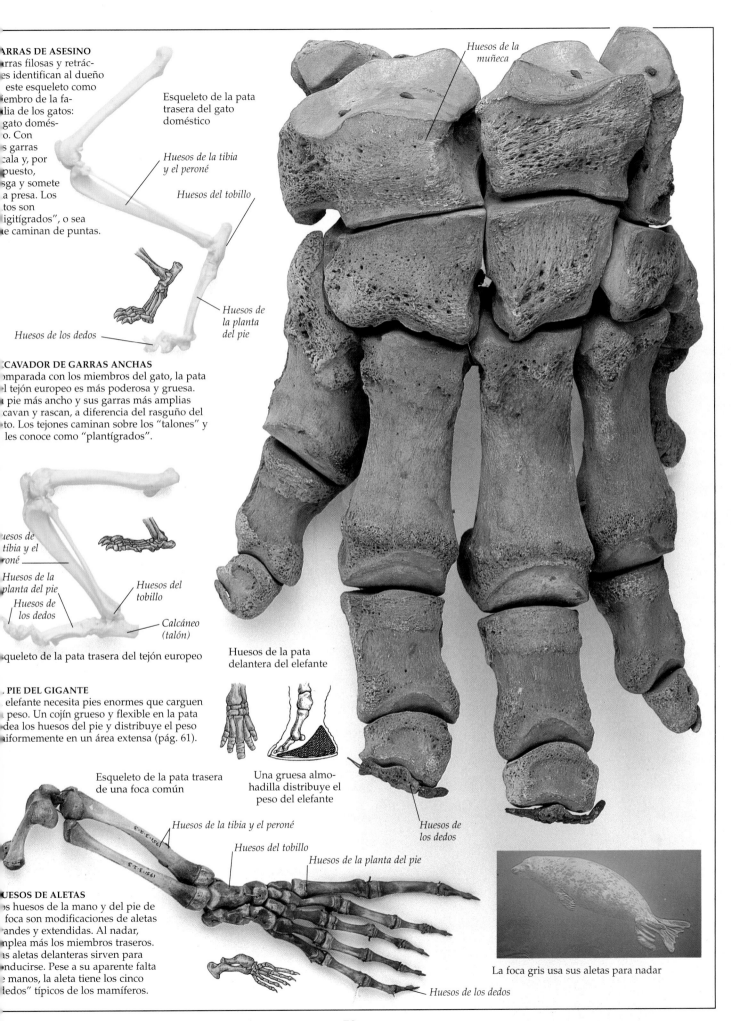

GARRAS DE ASESINO

Garras filosas y retráctiles identifican al dueño de este esqueleto como miembro de la familia de los gatos: el gato doméstico. Con las garras escala y, por supuesto, caza y somete a la presa. Los gatos son "digitígrados", o sea que caminan de puntas.

Esqueleto de la pata trasera del gato doméstico

Huesos de la tibia y el peroné

Huesos del tobillo

Huesos de la planta del pie

Huesos de los dedos

EXCAVADOR DE GARRAS ANCHAS

Comparada con los miembros del gato, la pata del tejón europeo es más poderosa y gruesa. El pie más ancho y sus garras más amplias cavan y rascan, a diferencia del rasguño del gato. Los tejones caminan sobre los "talones" y se les conoce como "plantígrados".

Huesos de la tibia y el peroné

Huesos de la planta del pie

Huesos de los dedos

Huesos del tobillo

Calcáneo (talón)

Esqueleto de la pata trasera del tejón europeo

EL PIE DEL GIGANTE

El elefante necesita pies enormes que carguen su peso. Un cojín grueso y flexible en la pata rodea los huesos del pie y distribuye el peso uniformemente en un área extensa (pág. 61).

Huesos de la pata delantera del elefante

Una gruesa almohadilla distribuye el peso del elefante

Esqueleto de la pata trasera de una foca común

Huesos de la tibia y el peroné

Huesos del tobillo

Huesos de la planta del pie

HUESOS DE ALETAS

Los huesos de la mano y del pie de la foca son modificaciones de aletas grandes y extendidas. Al nadar, emplea más los miembros traseros. Las aletas delanteras sirven para conducirse. Pese a su aparente falta de manos, la aleta tiene los cinco "dedos" típicos de los mamíferos.

Huesos de la muñeca

Huesos de los dedos

Huesos de los dedos

La foca gris usa sus aletas para nadar

59

Huellas y rastros

Gato doméstico

Aᴌ ᴄᴀᴍɪɴᴀʀ ᴇɴ ᴄᴜᴀʟQᴜɪᴇʀ lugar salvaje, vemos muchos animales. Los pájaros vuelan, los insectos zumban de flor en flor y los peces salen a tomar alimento de la superficie del agua. Pero, ¿y los mamíferos? Por ser activos, rápidos y tener agudos sentidos (pág. 16), se esconden, pues temen el paso de la gran criatura torpe. Otros, por ser nocturnos, están ocultos y duermen. Aunque nosotros también somos mamíferos, rara vez nos detenemos a ver a nuestros parientes salvajes. A menudo, notamos su presencia por las marcas que dejan: huellas y rastros de sus vientre (o cola) en el suelo, sobras de comida con marcas de dientes, excremento, entradas de madrigueras que han excavado, trozos de pelo atrapados en varas y enganchados en espinas, y restos, como astas (pág. 62). Las huellas aquí mostradas son de tamaño natural y fueron hechas por los caminantes mismos: "desordenadas", sucias e irregulares. Se atrajo a los animales con comida para que caminaran sobre un cojín de tinta no tóxica y después sobre el papel. Las marcas de garras no se logran con esta técnica, sólo se aprecian en el lodo suave y en la nieve. En un rastro, los espacios de las huellas y la profundidad de la impresión nos permiten concluir si el animal corría o caminaba.

Huella delantera

Almohadilla del dedo

Almohadilla intermedia

Huella trasera

Pelo en la planta del pie

GATITO DIGITÍGRADO
El gato doméstico es digitígrado (camina sobre los dedos, pág. 59) y las almohadillas de sus dedos están separadas de la planta por tres lóbulos o almohadillas intermedias. No hay marcas de garras; éstas se mantienen en sus fundas hasta que se necesitan. Tampoco deja marca el dedo interior (primero) de las patas delanteras, queda muy alto para ello. Las huellas delanteras y traseras tienen cuatro dedos y son casi iguales.

Huella delantera

CORRE, CONEJO, CORRE
Cuando se sienta o salta con calma, la pata trasera del conejo deja su típica huella larga, en comparación con su pata delantera circular. Si corre, es menos obvia la diferencia, pues tiende a apoyar en el piso las puntas de las patas traseras.

Huella trasera

Los pies están cubiertos con pelo; no aparecen las almohadillas

PEZUÑAS HENDIDAS
Los animales que gustan del lodo dejan ahí sus huellas. Mientras más pesado sea el animal, mejor. Un búfalo de media tonelada que se revolcó dejó esta clara huella de "pezuña hendida", indicando que es un artiodáctilo, o sea, un animal con pezuña de un solo dedo (pág. 10).

Conejo

El pelo no deja huella en la nieve

Tejón

Almohadillas de los dedos

Almohadilla principal del pie

Pequeño dedo recóndito

Huella delantera

Erizo

Huellas visibles del dedo delantero

Huella delantera

Huella trasera

Huella de la almohadilla cubierta de piel

uella
asera

PIE GRANDE
La huella del tejón tiene cinco almohadillas en los dedos en línea curva, sobre la almohadilla principal; el dedo interior es pequeño y deja sólo una pequeña marca. Este carnívoro robusto es plantígrado (pág. 59) y suele dejar buenos rastros. En estas impresiones de sus patas izquierda y derecha, se aprecia el espacio grande o "apertura" que hay entre ellas.

¿PULGAR PERDIDO?
El erizo de cinco dedos deja rastro de una pata de cuatro dedos, porque su dedo interior es más pequeño y está más lejos del suelo. Como el tejón, este plantígrado tiene una "apertura" de casi 2 pulg (5 cm) entre la pata izquierda y la derecha. Los dedos de las patas delanteras están más separados ("extendidos") que los de las traseras.

ON HUELLAS DE ZORRO O DE PERRO?
as huellas del zorro rojo pueden confundirse con las del perro. Ambos
n digitígrados, como el gato (pág. 60). Las garras del zorro a menudo
n visibles y un poco más grandes y angostas que las del perro y las
mohadillas de sus dedos son más pequeñas
salientes. El pelo entre las patas se ve con
aridad y en invierno puede crecer tan
rgo que oculta las almohadillas y
orra" el trazo de las huellas. Al
otar, el zorro pone la pata trasera en
huella hecha por la delantera del
ismo lado.

Pelo entre los dedos aparece en la huella

Huella delantera

Huella trasera

DEJANDO UNA PEQUEÑA IMPRESIÓN
Es asombroso que el mamífero terrestre más pesado, el elefante, no deje grandes huellas.
En terreno suave, éstas son grandes y redondas (ar.); en tierra suelta y arenosa, sus almohadillas (pág. 59) distribuyen su peso con tal eficiencia, que casi no deja huellas.

RASTREANDO A LA RATA
Ratas y ratones son pequeños y ligeros y rara vez dejan rastros, excepto en nieve ligera, el polvo de una alacena o el piso de un granero. Los dedos extendidos y las puntas de las garras a veces se ven. Como otros mamíferos, sus almohadillas tienen glándulas sudoríparas que dejan rastro de sudor en las huellas. Las ratas también dejan marcas de grasa a su paso.

Cuatro dedos

Almohadilla del pie

Huella delantera

Cinco dedos

Huella trasera

orro rojo

Rata marrón

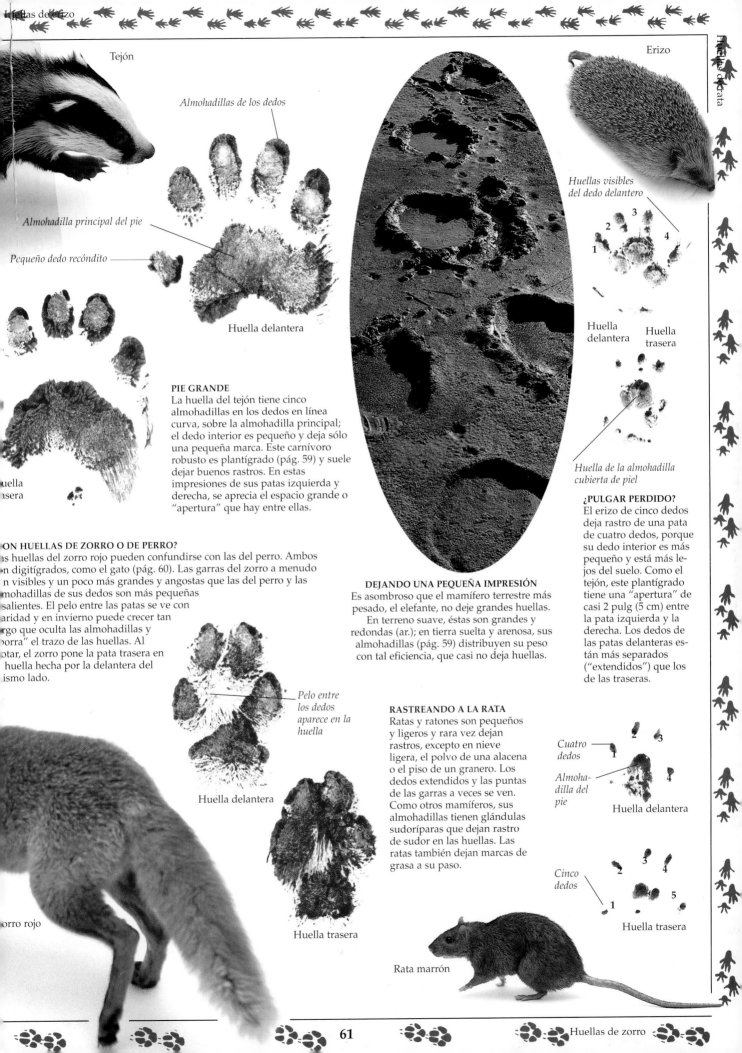

Detective mamífero

Hoy EN DÍA, el contacto de la gente con la naturaleza se limita al jardín, al parque o a un paseo ocasional por el bosque. El no conocer la naturaleza causa "cegue-ra": vemos, pero no sabemos con exactitud. No obstante, aún hay pueblos en el mundo que conviven con la naturaleza como nuestros ancestros. Sólo podemos maravillarnos ante su ejemplo y experiencia cuando vemos su "labor de detectives". Identifican con rapidez una huella o excremento por los que pueden hallar carne para comer, huesos para herramientas y pieles para ropa o refugios. Esto se puede aprender, aunque se necesita tiempo e interés.

Los indios dependían de su labor detectivesca para cazar

Huesos duraderos

Huesos, dientes, cuernos, astas y otras partes duras del cuerpo del mamífero tienden a conservarse durante más tiempo luego de que la carne y los órganos blandos han desaparecido. Para el ojo experto, una grieta o muesca en cierto lugar puede indicar que el dueño era viejo o débil y que tal vez murió por una enfermedad.

CRÁNEO CON CUERNOS
La "caja cerebral" (región encefálica) del cráneo protege el cerebro; el de esta oveja antigua no se ha roto. Carroñeros pequeños entraron y limpiaron el cráneo.

Agujero hecho por un lirón

"Bolitas"

Muchos mamíferos tiene sitios para defecar; a menudo marcan con excremento su territorio, como cuando una nutria deja sus "bolitas".

Cagarrutas de conejo

SEÑALES
La ardilla pela las escamas de las piñas para llegar a las nutritivas semi-llas cautivas dentro.

Piñas roídas por ardilla

CASCANUECES
Abrir la cáscara dura de la avellana es un reto, pero el delicioso fruto del interior lo vale. Varios mamíferos rompen la cáscara de diversas maneras.

Nuez perfectamente partida por una ardilla

"GUISANTES"
El conejo marca su territorio con sus cagarrutas.

Diente voraz

Los roedores son los campeones al mordisquear. Aun cuando no se alimenten, roen diversos ma-teriales con sus acincelados dientes incisivos (pág. 50).

Agujero irregular al lado: trabajo de un ratón de cuello amarillo

Cáscaras roídas por una rata

CARACOLES SIN CONCHA
Una rata marrón royó estas conchas de bígaro en la playa y comió su contenido.

Excremento de corzo

Cable eléctrico mordido por roedor

SOBRAS DE CIERVO
Al consumir comida poco nutritiva, deja gran cantidad de excremento.

CORTES DE ENERGÍA
Ratas y ratones pueden roer los cables eléctricos para descubrir lo que hay dentro, y electrocutarse al hacerlo. Ese "inocente" comportamiento del roedor ha provocado incendios y cortes de energía.

xilar inferior de
dor: incisivos largos

xilar inferior de carnívoro:
nte carnicero

CADOS INFRUCTUOSOS
depredador rara vez come
ndíbulas y dientes, ya que son
uy duros y sus raíces se
ertan en la quijada.

Diente de herbívoro:
parte superior
trituradora aplanada

VÉRTEBRA BLANQUEADA
Esta vértebra de oso marino se
limpió en la bien llamada Costa de
los Esqueletos, en Namibia, África
sudoccidental. El agua salada
causó corrosión química y disolvió
las sustancias más débiles,
quedando al descubierto la
estructura interna del hueso.

Vértebra de oso
marino

Pueden verse los
canales internos
del hueso

**¿MUERTE
NATURAL?**
En áreas urbanas,
un 50% de las
muertes de zorros
son a causa de los
autos. Estos huesos se
hallaron cerca de una
carretera. Quizá un auto
golpeó al zorro, que se
arrastró antes de morir.

MUDANZA
Los ciervos "mudan" astas
cada año y les crecen
nuevas. El corzo las usa en
duelos con otros mamíferos
(pág. 26); también las frota
en los árboles en el verano,
para marcar su territorio.

Asta
de corzo

Pelvis
(hueso de
la cadera)

Caña
rota

Huesos de las
extremidades

UNA PILA DE ALAS
Indica que un murciélago se
halla cerca. Come los jugosos
cuerpos de las polillas y deja
caer las alas secas en una pila
ordenada bajo la percha.

Punto de unión entre
el asta y el cráneo

Pelo atrapado

El alambre de púas es el equivalente artificial de un seto espinoso, e igualmente útil para recoger
mechones de pelaje de los animales que pasan. La altura a la que se obtuvo el pelo, el tamaño del agujero
por el que pasó el animal, el color y la naturaleza del pelaje son claves importantes.

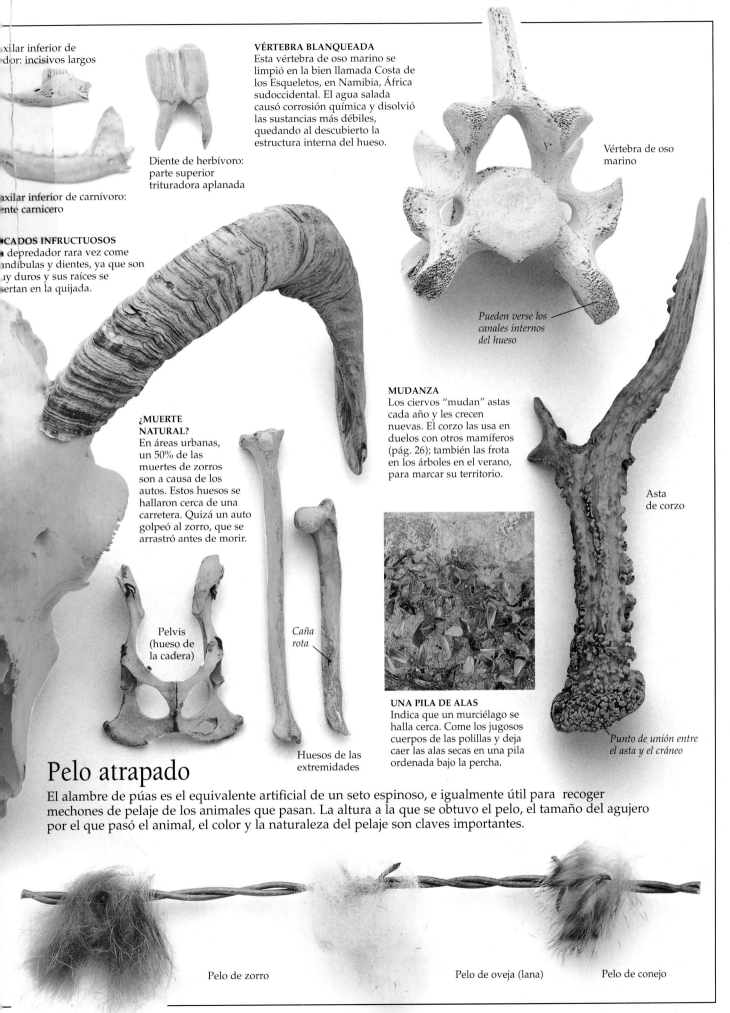

Pelo de zorro

Pelo de oveja (lana)

Pelo de conejo

¿Sabías que...?

DATOS SORPRENDENTES

🐾 En el mundo, los humanos son los mamíferos con mayor distribución, seguidos de cerca por el ratón doméstico (*Mus musculus*), que ha nos acompañado a todas partes.

🐾 En promedio, un canguro neonato mide 1 pulg (2.5 cm) de largo.

🐾 Los primeros mamíferos empezaron a evolucionar hace 200 millones de años. Eran pequeños, muy similares a la musaraña moderna, y comían insectos. En ese tiempo, los dinosaurios dominaban la Tierra. Los mamíferos sobrevivieron gracias a su sangre caliente, por lo que seguían activos y se alimentaban de noche.

Musaraña común

🐾 El emperador de la Dinastía Chou, en China, creó el primer zoológico conocido, cerca del año 1100 a. C.

🐾 El armadillo y el pangolín son los únicos mamíferos con escamas en vez de pelo, como los reptiles.

🐾 El rugido de un león adulto puede escucharse a 5 millas (8 km) de distancia y puede ahuyentar a los intrusos o congregar a la manada dispersa.

🐾 Los murciélagos son los únicos mamíferos voladores.

🐾 El mamífero más prolífico es el ratón de campo norteamericano (*Microtus Pennsylvanicus*); es capaz de procrear 17 camadas en sólo un año, con un promedio de seis o siete crías por camada.

🐾 La distancia más larga que emigra un animal marino es de 12,427 millas (20,000 km), y corresponde a la ballena gris. Inicia su viaje desde su coto de reproducción en México hasta su sitio veraniego de alimentación en el Mar de Bering.

🐾 Las 233 especies de primates tienen tamaños variados. Un gorila macho adulto pesa unos 452 libras (205 kg), y, en promedio, un diminuto tití pigmeo macho (*Cebuella pygmaea*) pesa sólo 5 onzas (140 g).

🐾 De noche, el delfín reposa justo bajo la superficie del agua sin dejar de moverse.

🐾 El tigre es el único gato grande con rayas.

🐾 Una rata puede pasar más tiempo sin tomar agua que un camello.

🐾 El mamífero terrestre más veloz es el guepardo; puede alcanzar los 62 mph (100 kph), pero sólo unos segundos. El berrendo (*Antilocapra americana*) puede correr varios kilómetros a una velocidad de 31 mph (50 kph).

Cachalote; come 1 tonelada diaria de calamar

🐾 La ballena azul (*Balaenoptera musculus*) es el mamífero, y el animal, más grande que haya existido. Mide hasta 110 pies (33.5 m) de largo y pesa hasta 147 toneladas; su corazón es del tamaño de un auto compacto; su lengua podría contener a 50 hombres. La cabeza de la ballena azul es la mayor de cualquier criatura terrestre o marina. Es el único ser en cuyo esófago cabría un humano.

🐾 Todos los hámsters que viven como mascotas descienden de una sola hámster dorada salvaje, hallada en una camada de 12 crías en Siria, en 1930.

🐾 El gato doméstico es la única especie de gatos que mantiene erguida la cola mientras camina. El gato salvaje mantiene la cola en forma horizontal o entre las patas mientras se mueve.

Guepardo

Récords

EL MAMÍFERO TERRESTRE MÁS PEQUEÑO

• El récord lo pelean el murciélago de nariz de cerdo de Kitti *(Craseonycteris thonglongyai)*, que mide casi 1 pulg (2.54 cm) de largo y pesa 0.06 onzas (1.6 g), y la musaraña pigmeo *(Suncus etruscus)*, que mide un promedio de 1.5 pulg (3.8 cm) de largo y pesa 0.05 onzas (1.5 g).

EL CEREBRO MÁS PESADO

• El cachalote tiene el cerebro más pesado. De casi 20 libras (9 kg), es cuatro veces más pesado que el del ser humano.

EL MAMÍFERO MARINO MÁS PEQUEÑO

• El *Cephalorhynchus commersonii* o delfín de Commerson es el más pequeño de todos, con 4.1 pies (1.25 m) de largo y 522 libras (237 kg) de peso.

EL QUE VIVE MÁS TIEMPO

• El hombre es el mamífero más longevo, seguido de cerca por el elefante asiático: uno de los cuales vivió 78 años.

P **¿Cuál mamífero tiene la gestación más larga?**

R El elefante asiático *(Elephas maximus)*, cuya gestación dura 22 meses. La zarigüeya tienen la preñez más corta entre los mamíferos: pare de 12 a 13 días después de la concepción.

P **¿Cuál mamífero marino se sumerge a más profundidad?**

R El cachalote se sumerge a 1.8 millas (3 km). Los elefantes marinos del norte *(Mirounga angustirostris)* pueden sumergirse a 0.9 millas (1.5 km).

Elefantes marinos del norte

P **¿Existen mamíferos de sangre fría?**

R Un mamífero es, por definición, una criatura de sangre caliente. Pero, hay excepciones a esta regla. La rata topo desnuda *(Heterocephalus glaber)*, que vive a orillas del desierto de Somalia, Etiopía y Kenia, no puede mantener una temperatura corporal constante, pues ésta fluctúa con la de la atmósfera, haciendo que esta criatura sea en esencia de sangre fría. Las ratas topo desnudas se acurrucan entre sí para retardar la pérdida de calor y se asolean en túneles superficiales calentados por el sol. La ardilla de tierra del Ártico *(Spermohilus parryii)* también es inusual: es el único mamífero que reduce su temperatura corporal hasta casi congelarse para hibernar. Así, ahorra energía, lo que la ayuda a sobrevivir en el clima ártico.

P **¿Cuál es el mamífero terrestre más grande?**

R El elefante africano *(Loxodonta africana)*. Un macho adulto puede medir 11 pies (3.3 m) de largo y pesar 6.8 toneladas.

Ardilla terrestre del Ártico, de Alaska

P **¿Qué mamífero tiene los ojos más grandes?**

R El tarsero es uno de los primates más pequeños de las selvas de Borneo y Sumatra, en las Filipinas. Mide en promedio 6 pulg (15 cm) de largo; sus ojos son tan grandes en proporción, que equivaldrían a ojos humanos del tamaño de una toronja. El gálago tiene los ojos tan grandes como el tarsero. Se los halla en las selvas africanas subsaharianas.

Elefante africano de matorral

Clasificación mamífera

Existen 19 grupos de clasificación de mamíferos. Cada grupo, llamado orden, aparece aquí con un ejemplo ilustrado. Algunos tienen cientos de especies; otros, sólo una. La forma de clasificarlos cambia conforme los científicos descubren más acerca de la evolución de los mamíferos y sus relaciones entre sí.

PROBOSCIDIOS
Hoy sólo hay dos especies vivas de probóscideos: el elefante asiático (*Elephas maximus*) y el africano (*Loxodonta africana*). El extinto mamut perteneció a este grupo. Los elefantes son inusual, ya que viven en una sociedad gobernada por hembras.

Elefante

MARSUPIALES
Los marsupiales se clasifican en un solo orden, pero algunos científicos creen que deberían dividirse en siete. Cuatro de estos órdenes son nativos de Australia e islas vecinas, los otros tres se hallan en América del Norte y del Sur. Los marsupiales llevan a sus crías en una bolsa abdominal llamada marsupio.

Canguro

Muchos canguros no pueden caminar; saltan con las patas traseras

Foca

Damán

HIRACOIDEOS
Aunque parezcan roedores o conejos, los hiracoideos o damanes son ungulados, o animales con pezuñas. Esto los liga al grupo de los caballos, aunque también comparten características con grupos como ¡elefantes, vacas marinas y cerdos hormigueros! Existen siete especies.

PINNÍPEDOS
Pinnípedos viene del latín "pies de aleta", y este orden cubre 33 especies de focas, leones marinos, osos marinos y morsas. Pasan la mayor parte de su vida en el agua y tienen el cuerpo adaptado para moverse con facilidad en un hábitat acuático. No son ágiles en tierra.

Ornitorrinco

MONOTREMAS
Incluye tres especies de mamíferos que ponen huevos: el ornitorrinco y dos especies de equidna, u hormigueros espinosos. Viven en Australia, Tasmania y Nueva Guinea. No han cambiado significativamente en dos millones de años.

Dermóptero significa "ala de piel"

INSECTÍVOROS
Los miembros de este grupo, casi 375 especies, comen principalmente insectos y tienden a ser pequeños. Este grupo incluye erizos, topos y musarañas. Tiene oído, olfato y tacto bien desarrollados, en vez de visión. Están en todas partes, excepto Australia.

Topo

Zorro

Colugo

DERMÓPTEROS
Este grupo incluye a las dos especies de colugos, ambas de Asia sudoriental. A veces les llaman lémures voladores, porque se parecen a ellos. Los colugos no vuelan, planean con alas de piel; son herbívoros y tienen dientes filosos.

Jerbo

ROEDORES
Los roedores tienen un par de dientes frontales que crecen toda la vida. Los usan para roer alimento y cualquier cosa que se les presente. Ratas, ardillas, hámsters, ratones y jerbos son roedores.

CARNÍVOROS
Muchos carnívoros son mamíferos terrestres que comen carne. Se reconocen por sus dientes, especiales para sujetar comida y rebanarla. En general, son animales medianos con excelentes sentidos. Con casi 270 especies, los carnívoros incluyen zorros, perros, gatos, lobos y osos.

QUIRÓPTEROS

Los murciélagos, únicos mamíferos que pueden volar, forman este grupo. Tienen una visión pobre y dependen de la ecolocación, u oído, para navegar. Salen sólo de noche a buscar comida. Con 1,000 especies, constituyen un cuarto de todos los mamíferos.

El ala de murciélago está hecha de piel tensada entre los dedos

Murciélago

Jirafa

...distingue a las ...species de ji-...a por las man-...as de su piel

Delfín

Perezoso

El perezoso vive colgado de cabeza

DESDENTADOS

Desdentado significa "sin dientes", pero sólo algunos miembros de este grupo (osos hormigueros) no tienen dientes. Los otros miembros, perezosos y armadillos, tienen molares sin raíz. Se hallan sólo en América. El pangolín pertenecía a este grupo, pero ahora tiene clasificación separada.

CETÁCEOS

Hay 78 especies de ballenas, delfines y marsopas en este grupo. Los estudios sobre la conducta de los cetáceos a menudo muestran características juguetonas, al igual que signos de notable inteligencia.

Con sus patas y cuello largos, la jirafa es el mamífero más alto

Conejo

ARTIODÁCTILOS

...ste grupo incluye casi 220 especies. ...rtiodáctilo significa "de un solo dedo" y ...e refiere al número de dígitos en cada ...ata, que usualmente es de dos y a veces ...uatro. Cerdo, jirafa e hipopótamo son ...rtiodáctilos.

Cerdo hormiguero

TUBULIDENTADOS

El único miembro es el cerdo hormiguero. Esta peluda criatura nocturna come hormigas y termitas. Con sus garras saca nidos de insectos y después pega su lengua para atrapar a su presa. También usa el oído y el olfato para buscar nidos.

LAGOMORFOS

Incluyen cerca de 80 especies de conejos y liebres. Se reproducen con rapidez y muchas hembras pueden parir muchas camadas en un año. Como los roedores, tienen dientes incisivos largos, que siguen creciendo toda la vida.

PRIMATES

Son 180 especies de primates, una de las cuales inluye a los humanos. Poseen miembros largos y dedos flexibles, también amplios ojos que miran al frente y cerebros más grandes que otros animales.

El dugón tiene cola en vez de aletas traseras

Dugongo

Cebra

SIRENIOS

Grupo que incluye a dugongos y manatíes, ambos llamados vacas marinas. Pueden pesar hasta 2,535 libras (1,150 kg) y pasan su vida en el agua. Están en peligro de extinción, debido a la cacería.

Chimpancé

PERISODÁCTILOS

...rupo compuesto por mamíferos ...on pezuñas de un par de dedos ...ue, como muchos artiodáctilos, ...aminan sobre sus pezuñas, en ...ugar de usar los pies. Hay 17 ...species de perisodáctilos, incluidos ...inocerontes, caballos, cebras y ...apires. La mayoría son herbívoros.

FOLIDOTOS

El pangolín, también llamado hormiguero escamoso, estuvo entre los edentados; hoy ocupa un solo grupo. Tiene escamas que se traslapan y protegen su cuerpo. No tiene dientes, sino una larga lengua.

Pangolín

Descubre más

APRENDE MÁS SOBRE los mamíferos desde tu casa. En muchos hogares hay una mascota, y a menudo es un mamífero. No olvides que el humano también es mamífero, ¡así que con familia y amigos nunca te faltarán primates que observar! Un viaje a una granja muestra cómo viven y se reproducen. Para estudiar especies exóticas, visita un zoológico, acuario o parque nacional, y para saber más de la evolución de un mamífero, visita un museo de historia natural. En un paseo por el campo hallarás mamíferos, ¡pero no a los tímidos!

SITIOS ÚTILES EN LA WEB

- Aprendizaje encantado: todo sobre los mamíferos
  www.enchantedlearning.com/subjects/mammals/
- Museo de Paleontología de la Universidad de California:
  Pabellón de mamíferos
  www.ucmp.berkeley.edu/mammal/mammal.html
- Acuario de Monterey: Mamíferos marinos en su hábitat
  www.mbayaq.org/efc/efc_fo/fo_mammal.asp
- Museo de Historia Natural del Instituto Smithonian
  www.nmnh.si.edu/vert/mammals/mammals.html

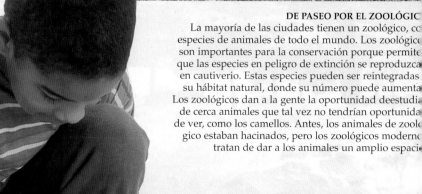

DE PASEO POR EL ZOOLÓGICO
La mayoría de las ciudades tienen un zoológico, con especies de animales de todo el mundo. Los zoológicos son importantes para la conservación porque permiten que las especies en peligro de extinción se reproduzcan en cautiverio. Estas especies pueden ser reintegradas a su hábitat natural, donde su número puede aumentar. Los zoológicos dan a la gente la oportunidad de estudiar de cerca animales que tal vez no tendrían oportunidad de ver, como los camellos. Antes, los animales de zoológico estaban hacinados, pero los zoológicos modernos tratan de dar a los animales un amplio espacio.

Los conejos son herbívoros (comen plantas)

MASCOTAS EN CASA
Gatos, perros, jerbos, ratones, conejos y muchas otras mascotas son mamíferos. Estudiar a tu mascota puede enseñarte mucho. Descubre el nombre de la especie de tu mascota, a qué orden pertenece y cómo se compara a los miembros de su orden.

Por seguridad, no se permite a los visitantes salir del vehículo

SAFARI SALVAJE

...n "safari" significaba un viaje de caza u observación para ver a los animales en su ...bitat natural en África. Hoy existen parques safari en todo el mundo. Son vastos recintos ...onde los animales se desplazan en relativa libertad. Aunque los animales se mantienen ...parados para evitar que se depreden entre sí, estas condiciones son más semejantes a la ...da salvaje que en los zoológicos. Los visitantes pueden hacer un recorrido a bordo de su ...tomóvil y ver de cerca tigres, leones, elefantes y muchas otras especies.

...N LA GRANJA

...gunas granjas permiten visitas, y muchas ciudades tienen una granja para la ...nte que no puede ir al campo con frecuencia. En una granja hay mamíferos, ...mo ovejas, vacas, cerdos y caballos. En estas comunidades puedes ver a los ...amíferos alimentar a sus crías, pastar e interactuar.

Sitios para visitar

ZOOLÓGICO DE SAN DIEGO, SAN DIEGO, CALIFORNIA
www.sandiegozoo.com
Miles de animales viven en este zoológico. Ver zoológico infantil, centro de pandas, piscina de osos polares y exhibición de simios.

ZOOLÓGICO DEL BRONX, BRONX, NUEVA YORK
www.bronxzoo.com
Este magnífico zoológico ofrece una exhibición de los gorilas del Congo, un hábitat himalayo que incluye leopardos de las nieves y un bosque tropical asiático cubierto.

ZOOLÓGICO DE HOUSTON, HOUSTON, TEXAS
www.houstonzoo.com
Hogar para más de 100 especies de mamíferos. Las exhibiciones incluyen primates, carnívoros y el centro de Maravillas Naturales, donde se escuchan cuentos y se hacen demostraciones.

PURINA FARMS, GRAY SUMMIT, MISURI
www.purina.com/company/profile
purinafarms.asp
Granja interactiva con perros, gatos y vacas.

Los binoculares permiten ver a los animales sin molestarlos

VISTA NATURAL
Visita la reserva natural local o campo más cercanos, acompañado por un adulto. Permanece en un lugar tranquilo y en silencio, y observa la vida salvaje que te rodea. Puedes tener la suerte de ver mamíferos como ardillas, tejones o ciervos en acción.

Glosario

ADN Siglas de "ácido desoxirribonucleico", material que contiene la información genética de todos los seres vivos. El ADN pasa de una generación a otra cuando los seres se reproducen.

APAREAMIENTO Acercamiento del macho y la hembra para la reproducción.

ARTIODÁCTILO Mamífero con pezuñas con un número par de dedos en cada pie, usualmente dos, y a veces cuatro.

CADENA ALIMENTARIA Sendero de alimentación que vincula especies en una comunidad, transmitiendo energía y nutrimentos de un organismo a otro. Cada especie está involucrada en varias cadenas alimentarias.

CAMUFLAJE Medio por el que un animal pasa inadvertido a los depredadores al confundirse con su entorno.

CARNÍVORO Animal que come carne.

CARTÍLAGO Sustancia cartilaginosa en el cuerpo de los animales. En algunos animales forma todo el esqueleto. En otros, cubre la cabeza de los huesos en las articulaciones y la estructura de otros, como las orejas.

CÉLULA Unidad microscópica base de la mayoría de los seres vivos.

CÉLULA SEXUAL Célula especial que se usa durante la reproducción.

CICLO DE VIDA Patrón de cambios que ocurre en cada generación de una especie.

CLASIFICACIÓN Forma de agrupar a los seres vivos para mostrar cómo se relacionan entre sí.

El panda gigante, en peligro de extinción

COLONIA Número de seres vivos que conviven en un grupo, en el cual también se reproducen.

CORDADOS Grupo principal de vertebrados (animales con columna vertebral).

CRÍA Hijo o descendiente de un animal.

DEPREDADOR Animal que caza a otros animales.

DETRÍVORO Animal que come restos de otros animales, plantas y otros seres vivos.

DIGESTIÓN Descomposición de la comida en nutrimentos y partes pequeñas para que el cuerpo las absorba. En muchos animales, la digestión se lleva a cabo en un tubo que se extiende por el cuerpo.

DIGITÍGRADO Animal que camina sobre sus dedos y no sobre la superficie plana de su pie.

ECOLOCACIÓN Forma de percibir a través de sonidos agudos. Murciélagos, delfines y algunas ballenas usan la ecolocación para "ver" en la oscuridad o en el agua.

Esqueleto de un elefante asiático, un animal digitígrado

Camina sobre los dedos

ECOLOGÍA Estudio de la relación que existe entre todos los seres vivos y el medio ambiente.

EMBRIÓN Primera etapa de desarrollo de un animal o una planta hasta que adquiere los rasgos propios de su especie.

EVOLUCIÓN Proceso lento de cambio que afecta a los seres vivos. Puede alterar las características de las especies vivientes y producir nuevas a partir de las que ya están extintas.

ESPECIES Grupo de seres vivos, cuyos integrantes pueden reproducirse con otro, para producir una cría fértil, pero que no puede reproducirse con ningún otor tipo de ser vivo.

ESQUELETO Estructura que soporta al cuerpo, articulada para moverse.

EXTINCIÓN Cuando una especie se acaba para siempre. A veces ocurre por un proceso natural de evolución, pero cada vez más se debe a la contaminación y a la cacería.

FEROMONA Químico liberado por un animal, que tiene efecto sobre otro. Las feromonas se pueden liberar para marcar un rastro, advertir a intrusos o incluso para atraer pareja.

La gestación del rinoceronte blanco dura 16 meses

FETO Mamífero que aún no ha nacido y está en las últimas etapas de desarrollo.

FÓSIL Restos o rastros de un ser vivo preservados en roca.

GEN Unidad básica de la herencia. Los genes pasan de padres a hijos y determinan las características de cada ser vivo. Muchos genes están hechos de ADN.

GESTACIÓN Tiempo que el bebé pasa creciendo en el vientre de la madre.

GLÁNDULA MAMARIA Órgano de la hembra de un mamífero que produce leche.

GRANÍVORO Animal que come granos, semillas, nueces y partes duras de plantas y fibras similares.

HÁBITAT Ambiente requerido por especies particulares para su supervivencia.

HENDIDO Pezuñas divididas en dos partes en ciertos mamíferos, como en cerdos y ciervos.

Ualabí de cuello rojo, un marsupial

Marsupio

HERBÍVORO Animal que come plantas, como hojas, brotes, frutas, tallos y flores.

HIBERNACIÓN Estado parecido al sueño que muchos animales experimentan durante el invierno. El cuerpo del animal entra en letargo, lo que significa que la temperatura de su cuerpo desciende y su metabolismo disminuye la actividad.

INSECTÍVORO Animal que se alimenta principalmente de insectos.

INSTINTO Patrón de comportamiento natural que no necesita aprenderse.

JOEY Canguro o ualabí bebé.

KRILL Pequeños animales marinos, parecidos a los camarones, que constituyen el alimento preferido de las ballenas; también lo comen las focas y los peces.

LACTANTE Animal bebé que se sigue alimentando de leche materna.

LÁMINAS DE BARBA DE BALLENA Láminas con fleco que cuelgan del paladar de las ballenas más grandes. Éstas filtran pequeños animales para alimentarse de ellos.

MAMÍFERO Animal de sangre caliente con pelaje que alimenta con leche a su cría.

MARSUPIAL Mamífero que se desarrolla dentro de la bolsa de la madre, como el canguro o el ualabí.

MEMBRANA AMNIÓTICA Membrana delgada que rodea a un embrión dentro del útero materno.

METABOLISMO Proceso químico que se lleva a cabo en un ser vivo.

MIGRACIÓN Viaje que hacen los animales de un lugar a otro, regulado de acuerdo con las estaciones.

MONOTREMA Mamífero que pone huevos, como el ornitorrinco pico de pato o el hormiguero espinoso.

MUDA Proceso de cambio de piel o pelo.

MÚSCULO Tejido del cuerpo que se contrae y produce movimiento.

NERVIO Grupo de células que llevan señales rápidamente por el cuerpo de un animal.

NOCTURNO Animal activo en la noche e inactivo durante el día.

OMNÍVORO Animal que come distintos tipo de comida: plantas, animales u hongos.

OVARIO Órgano de la hembra que produce óvulos.

PASTAR Comer vegetación, como pasto o plantas bajas.

PELAJE PROTECTOR Capa exterior del pelaje, que protege pelaje interior y piel, de las condiciones del clima húmedo.

PELIGRO DE EXTINCIÓN Especie cuya población ha disminuido tanto que corre el riesgo de extinguirse.

PENTADÁCTILO Animal con cinco dedos. Los humanos son pentadáctilos.

PISCÍVORO Animal que se alimenta de peces.

PLACENTA Órgano que se desarrolla dentro del vientre durante el embarazo y que transporta oxígeno y alimento de la sangre de la madre a la sangre del feto.

PLANTÍGRADO Animal que apoya la totalidad de su pata o pie por completo en el suelo a cada paso cuando camina.

Oso hormiguero espinoso, un monotrema

PRESA Animales que son cazados y devorados por un depredador.

PRIMATE Mamífero con dedos flexibles y ojos que miran hacia delante. Los humanos son primates.

REPRODUCCIÓN Producción de crías.

ROEDOR Mamífero con afilados dientes incisivos que sirven para roer. Ratas, ratones y ardillas son roedores.

SANGRE CALIENTE Se aplica al animal que se proporciona calor al metabolizar el alimento. Puede estar caliente, aun si el ambiente es frío. Una de las características más importantes de los mamíferos es que son de sangre caliente.

SIMBIOSIS Interacción entre dos organismos vivos que viven en una cercana asociación física.

SISTEMA NERVIOSO Red de células nerviosas en el cuerpo de un animal, incluido el cerebro.

TERRITORIO Área que un animal reclama.

UNGULADO Mamífero con pezuñas.

VERTEBRADO Animal con columna vertebral. Hay cinco grupos principales: peces, anfibios, reptiles, pájaros y mamíferos.

El gorila es el más grande de los primates

Índice

Reconocimientos

Dorling Kindersley agradece a:

Jane Burton y Kim Taylor por todas sus ideas, su gran esfuerzo y entusiasmo. Dave King y Jonathan Buckley por sus fotografías de animales. Daphne Hills, Alan Gentry y Kim Bryan del Museo de Historia Natural por el préstamo de los especímenes y por revisar el texto, y a Colin Keates por fotografiar las obras. Hudson's Bay, Londres, por el préstamo de las pieles. Will Long y Richard Davies de Oxford Scientific Films por fotografiar la sección de la topera. Jo Spector y Jack. Intellectual Animals, Molly Badham, y Nick y Diane Mawby por prestar los animales. Elizabeth Eyres, Victoria Sorzano, Anna Walsh, Angela Murphy, Meryl Silbert y Bruce Coleman Ltd. Radius Graphics por el material gráfico. David Burnie por su consulta.

Créditos fotográficos
ar. = arriba; ab. = abajo; c. = centro; i. = izquierda; d. = derecha

Archiv fur Kunst und Geshichte, Berlín: 12ab., 15ab. Pete Atkinson/Seaphot: 59ab. Jen y Des Bartlett/Bruce Coleman Ltd.: 29ab. G. I. Bernard: 37ab.i., 60c. Liz y Tony Bomford/Survival Anglia: 33ar. Danny Bryantowich: 23ab.i. Jane Burton: 27c. Jane Burton/Bruce Coleman Ltd.: 17ab., 18ab., 21c.d., 27ar., 34ab., 36ab., 46ar., 53c. John Cancalosi/Bruce Coleman Ltd.: 27c. Sarah Cook/Bruce Coleman Ltd.: 64ab. Peter Davey/Bruce Coleman Ltd.: 49ab.c. Wendy Dennis/FLPA, Images of nature: 67ab. Jeff Foott/Bruce Coleman Ltd.: 39ar. Frank Greenaway: 63c. David T. Grewcock/Frank Lane Picture Agency: 53ar.c. D Gulin/Dembinsky/FLPA, Images of nature: 65ar.d. David Hosking/FLPA, Images of nature: 64c.i., 67c. Johnny Johnson/Bruce Coleman Ltd.: 65ab.d. Zig Leszczynski/Oxford Scientific Films: 48c. Will Longy Richard Davies/Oxford Scientific Films Ltd.: 57. Mansell Collection: 19ar. Mary Evans Pic. Library: 8ar.i., 16ab., 20c., 26c., 28c., 29c., 31c., 37ab.i; 46ab.; 49ab.d.; 58c. Richard Matthews/Seaphot: 27ar. Military Archive & Research Services Lincs.: 22ab.

Minden Pictures/FLPA, Images of nature: 64ar.d., 65ab.i., 71ab.d. Museo Universitario de Oxford: 70ab.i. Stan Osolinski/Oxford Scientific Films Ltd.: 44ar. Richard Packwood/Oxford Scientific Films Ltd.: 16ab.d. J E Palins/Oxford Scientific Films Ltd.: 16ab.i. Dieter y Mary Plage/Bruce Coleman Ltd.: 61d. Dr. Ivan Polunin/NHPA: 66ab.i. Masood Qureshi/Bruce Coleman Ltd.: 45ab. Hans Reinhard: 26c. Jonathan Scott/Planet Earth: 53c.ar. Sunset/FLPA, Images of nature: 70ar. Kim Taylor/Bruce Coleman Ltd.: 32ab. Martin Withers/FLPA, Images of nature: 66c., 69ar.

Ilustraciones de portada:
Portada: Daniel Heuclin/NHPA, ab. Contraportada: Museo de Historia Natural, ab.iz.

Ilustraciones de John Woodcock: 8, 9, 10, 11, 13, 14, 19, 20, 27, 58, 59.

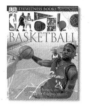

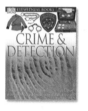

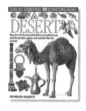